Acercamiento a la poesía

Odalys Interián

Acercamiento a la poesía

© Autor: Odalys Interián
© Lyrics & Poetry Editions.

Primera edición
Estados Unidos de Norteamérica, 2018

ISBN-13: 978-0999714928
ISBN-10: 0999714929

nayretruben1968@gmail.com

Todos los derechos reservados. Esta publicación no puede ser reproducida, completa o parcialmente, ni registrada en/o transmitida por un sistema de recuperación de información, en ninguna forma, ni por ningún medio sea mecánico, magnético, por fotocopia o cualquier otro, sin el permiso previo de la editorial.

Acercamiento a la poesía

Odalys Interián

Ahí está la poesía: de pie contra la muerte.
Juan Gelman

La poesía es el pájaro incurable que mece mis diluvios.

*Para mi familia siempre.
Para todos aquellos que me animaron a publicar estos acercamientos a la Poesía.*

ÍNDICE

Acercamiento a la poesía 15
¿POR QUÉ ESCRIBIMOS POESIA? 31
II. ¿Por qué escribimos poesía? 36
De la palabra al primer crepúsculo 40
Una invitación a leer poesía 50
Para los poetas 54
Un poeta llamado Adonis 59
II Adonis 62
En un montón de perros apagados 71
Yo dejo mi palabra en el aire 75
Haberse muerto tanto y que la boca quiera vivir un poco 86
Hasta que el tiempo pare de llorar 101
Atráeme Contigo. Apunte preliminar 112
Aproximación a la poesía de Roberto Manzano 118
Bajo la sombra del corazón 133
Palabras a destiempo. La poesía de Franki de Varona 142
Soles manchados 158
Soledades compartidas 165
PAS DE DEUX. Un follaje de luz entre las sombras 170
Del otro lado del sol. Doria García Albernaz 189
Íntimo. Un vuelo a lo innombrable 191
Biografía 205

"Porque no importa ser buen o mal poeta, escribir buenos o malos versos, sino transformarse en poeta, superar la avería de lo cotidiano, luchar contra el universo que se deshace, no aceptar los valores que no sean poéticos, seguir escuchando el ruiseñor de Keats, que da alegría para siempre (...) de nada vale escribir poemas si somos personajes antipoéticos, si la poesía no sirve para comenzar a transformarnos a nosotros mismos, si vivimos sometidos a los valores convencionales".

JORGE TEILLER; en "Nostalgia de la Tierra".

Acercamiento a la poesía

La poesía no es todavía lo que queremos que sea, por eso no terminamos de escribirla. Escribimos para decirnos y para aprendernos de memoria, después para olvidarnos, es un ciclo perfecto, necesitamos desaprendernos y enmudecer, estamos llenos de ruidos y visiones tremendas, llenos de relatos y seres con los que convivimos, algunos hechos a nuestra imagen y conforme a nuestra semejanza, otros conforme a nuestros miedos. Estamos llenos de presencias, de seres aprendidos y otros incorporados, de repeticiones y mundos, de silencios y soledades.

Ese deseo de vernos el infinito íntimo del ser, de acercarnos a la verdad, esa urgencia aunque sea en instantes de rozar la belleza y el misterio, ese intento de aprender a mirarnos, de querer comunicar como somos, es lo que nos hace escribir.

Porque estamos heridos, cantáremos largamente nuestro dolor y nuestro duelo, cargáremos nuestras visiones dolorosas llenas de nostalgias y pérdidas; porque no queremos el olvido, y esa vocación de lucha y resistencia nos ha hecho poetas, no queremos callarnos, esa urgencia y necesidad expresiva nos lleva a insistir. La poesía es un lugar de resistencia, y seguimos intentándolo, atraídos, llevados por ese imán, por la fuerza de las palabras en sus combinaciones, por ese mundo que despiertan y el Dios que traen consigo.

Para Huidobro: *la Poesía es el lenguaje de la Creación... Por eso sólo los que llevan el recuerdo de aquel tiempo, sólo los que no han olvidado los vagidos del parto universal ni los acentos del mundo en su formación, son poetas. Las células del poeta están amasadas en el primer dolor y guardan el ritmo del primer espasmo. En la garganta del poeta el universo busca su voz, una voz inmortal.*

El poeta aprende a ver y a descifrar otro lenguaje, oye ese otro discurso que está más cerca del origen y por ende del ser en las cosas. Las palabras sirven para encontramos; pero también es cierto que esconden mucho de nosotros, en las palabras están todos los secretos. *Lo importante en el lenguaje es la precisión,* –diría Celan– Encontrar la palabra precisa que rememore o trascienda con su carga sutil de sugerencia. Nadie como él, para encontrar esa palabra que nos hace desde la poesía vislumbrar todo el horror. Encontrar la palabra justa siempre ha sido el reto, el anhelo de los poetas, la palabra salvada que quede sonando mientras abre un universo de disonancias y repeticiones. Escribir desde la sinceridad siempre será el reto, encontrar esa palabra que más que testimoniar se vuelva sangre y voz.

La poesía también está llena de alucinaciones, de mucho imaginario y de vidas alternas. Nos convence de que no estamos solos y de que hay otras realidades, algunas invisibles, es lo que está cerca de lo real; pero sin renunciar a lo irreal posible. El hombre enfrenta la idea de la muerte todos los días y a veces no sabe qué hacer con ese sentimiento de pérdida, ni con la impotencia de no poder cambiar las cosas. La poesía nos salva del olvido porque conserva una memoria viva, en ella está la lucha por la vida que se ofrece como oficio cotidiano y el misterio de la muerte como eterna interrogación. La escritura es un modo de sobrellevar la ausencia, y las angustias que nos acompañan. La poesía vive en el hombre, y es el hombre.

La afirmación de Kierkegaard, de que el verbo *ser es propiedad del poeta*, y después que Walt Whitman escribiera: *Canto a mí mismo*, la conjunción entre el ser y la experiencia ha perfeccionado una poética en la que el autor crea a partir de su propia circunstancia. El hombre añadiéndose a la escritura, el texto como redención y búsqueda de un sentido y de una identidad. La poesía en su intento de llegar al ser para perpetuarse, la vida del que escribe es el trasfondo de su obra o viceversa.

El poeta vive la experiencia de la poesía mucho antes de escribirla, ella le pide entrega, pero luego escogerá la forma y el ritmo con que querrá narrarse. Escribimos sin saber lo que llegará a ser el resultado final de la escritura. Es cierto que hay mucho de inconciencia en el acto creador, y que es un misterio la forma en que las palabras se ordenan, la predisposición, y las posibilidades infinitas de recrear en imagines lo vivencial del signo. La poesía es un estado, y es ser, porque toma la forma del poeta y se vale de su voz para organizar y legitimar un canto.

Entonces concluimos que el poeta no conoce siempre lo que escribirá, porque la poesía escoge en ocasiones como quiere decirse, y él, solo será el instrumento para materializarla, el ser esencial para develarla y descubrirla.

El poeta nos conduce entonces más allá del *"último horizonte"*, más allá de todo lo conocido, junta los reinos, materializa lo invisible. Ya se sabe que los poetas tienen la obligación de estar siempre enamorados, tienen el deber de no abandonar el amor o el odio, los desvelos, las vigilias infinitas que recogen las soledades.

Pero, ¿qué hago cuando escribo? desde Poe esto sigue siendo una pregunta que muchos buscan contestar: ¿qué implica el proceso creativo? ¿Cuánto hay de inspiración y cuánto hay de trabajo consciente cuando escribimos? Lo cierto es que aunque la poesía tenga mucho de intuición, también requiere pensamiento. Poe reconocería que la *"maldición de cierto tipo de inteligencia reside en que jamás está satisfecha con la conciencia de su aptitud para hacer alguna cosa. Ni siquiera se contenta con hacerla. Tiene que saber y mostrar a la vez cómo fue hecha"*. La poesía lleva introspección, y nos gana siempre cuando declara una verdad. Todo girará en torno a la experiencia del ser, y alcanzarlo, será una de las metas del poeta.

El proceso de escribir es difícil? –nos dice Clarice Lispector–, *pero es como llamar difícil al modo extremadamente prolijo y natural con que está hecha una flor. (...) para ella: está hecho de errores la mayoría esenciales, de coraje y pereza, desesperación y esperanza, de vegetativa atención, de sentimiento constante (no pensamiento) que no conduce a nada, no conduce a nada, y de repente aquello que se pensó que era nada era el verdadero contacto temible con la tesitura de vivir; y ese instante de reconocimiento, ese zambullir anónimo en la tesitura anónima, ese instante de reconocimiento (igual que una revelación) necesita ser recibido con la mayor inocencia, con la inocencia con que está hecho...* Y continua diciéndonos: *Escribir es prolongar el tiempo, dividirlo en partículas de segundos, dando a cada una de ellas una vida insustituible.* Según Clarice, y sería bueno que nos dejáramos convencer por estas verdades esenciales que declaran magistralmente la finalidad de la escritura: *Escribir es una maldición que salva...*

Es una maldicion porque obliga y arrastra, como un vicio penoso del cual es imposible librarse...Y es una salvación porque salva el día que se vive y que nunca se entiende a menos que se escriba.

Es indiscutible entonces que la poesía salva, libera, trasciende al hombre dándole nuevas fuerzas y nuevas ganas de vivir. Hay que creerle a los poetas, en especial a Juan Gelman cuando dice: *Ahí está la poesía de pie contra la muerte*. Descubrir que hay una verdad y seguir sin saber qué hacer con ella es doloroso, la poesía permanece como ofrecimiento, va hacia el definitivo silencio de una verdad que el lenguaje no puede en ocasiones expresar; pero que logra comunicar la parte de verdad que todos albergamos dentro y que todos andamos buscando. Porque si la muerte ejerce una fascinación rara en el que escribe, lo cierto es que no nos acostumbramos tampoco a ella, aunque sea una realidad que esperamos y que vemos acontecer. Nadie anhelará el fin si no fuera porque padece, sufre o vive enfermo. Nadie negaría la eternidad si otra fuera la vida que viviéramos, asusta este pesar convulso y repetitivo, ese dolernos en todos los pedazos y mitades. Otra fuera la vida sin la muerte, y quizás otras fueran las cosas que escribiríamos, y otros serían nuestros miedos; pero aquí el miedo no es sobre la muerte, sino contra la imposibilidad de hablarla, de anularla de alguna manera y eso es lo que hace la escritura; recrearla como una invocación, hacer que trascienda y que importe menos. Hablamos de ella todo el tiempo sin que nos duela, porque la poesía la despoja del horror. Otra fuera la vida sin la muerte, y otra fuera la poesía si no existiera lo muerto; pero lo cierto es que la escritura, y la poesía como fin, sirven para no olvidarse de la vida y para preservarla por ser continuidad. La poesía es la memoria del mundo, ella es futuro, permanece en el presente testimoniando el ser y la vida. Encontramos entre las dos esa correspondencia: la vida en su marcha es también la eterna poesía.

NIHIL NOVUM SUD SOLE

> *Nos ha sido dado ceniza y fragancia*
> *y una manera de recordar*
> *Thomas Shapcot.*

La poesía reclama su derecho a la primogenitura; es antes que el hombre, antes que el verbo, antes que el "hágase la luz". Usando al hombre como instrumento nos deja la paradoja: ¿Qué fue primero, el poeta o la poesía? Conociendo que el poeta solo puede expresar lo que ya existe, lo que tiene existencia en sí, y sabiendo que la poesía para llegar a la existencia necesita ser materializada, necesita un creador que la exprese o vivifique. ¿Qué diremos, la poesía es más trascendente qué quién la escribe? Podemos engañarnos mucho pensando que sin poetas no puede haber poesía; lo cierto es, que la poesía pensó al hombre y lo iba a sobrevivir; estaba esperándolo, tenía existencia en el tiempo, increada, imperecedera, hecha de la energía de Dios; aplicándole su esencia entonces: Poesía es lo que no tiene principio ni final, lo que *es desde la eternidad hasta la eternidad.*

¿Si la poesía no pertenece al ámbito humano, a qué la haremos semejante? ¿Por qué hablar de su comienzo y por qué augurarle un final? Marcarle sitio en el tiempo, es hablar de la andadura del hombre por ella, nunca será suficiente lo que se diga, y nunca diremos la última palabra. El hombre sujeto a leyes, a normas en ocasiones rígidas, le gusta encasillar, le gusta decir: *"esto es lo demostrado"*, *"esto es el concepto"*. Me vienen a la memoria unos versos de Rilke: *"Me aterra las palabras de los hombres, lo saben expresar todo tan claro y esto se llama "perro" y esto "casa", el principio está aquí y allí está el final"*

La poesía no tuvo comienzo, pero inicia las audacias, nos hace sentir humanos. Solo el hombre es capaz de sentir y expresar la belleza, y parece ser que solo a nosotros nos interesa. Aunque el amor por el arte seguirá siendo un fenómeno inexplicable, es algo que nos hace sentir innegablemente únicos. Sabemos que no contribuyó en ningún tiempo a la supervivencia del más apto. Así como sigue siendo un misterio el lenguaje, y la capacidad de tratar con propiedades abstractas del sistema numérico. Somos los únicos que tenemos consciencia de nuestro ser, y somos mucho más que memoria, algo más que recuerdo. Sostener que no existe lo que no pueda demostrarse científicamente es un error, sería negar el "espíritu" del hombre, la poesía, la música, el amor, y los muchos dones que tenemos. La ciencia no cuenta con los medios para responder todas las preguntas acerca de la existencia humana, la poesía tampoco; pero esta puede llenar el vacío que la ciencia no responde, porque si esta se ocupa de lo mesurable, la poesía tiene como misión crear nuevas realidades o descubrirlas, hallar un sentido con el no sentido poético, tiene como misión aumentar el mundo, es decir, lo que es real, lo que existe por sí mismo, además de agregar un irreal universo.

Concordamos entonces: la ciencia no es el único modo de llegar al conocimiento, y tampoco podemos descartar la idea de un creador implantando en el hombre la necesidad de lo bello, lo espiritual, y los valores estéticos que tenemos y que no explica la evolución. Nos llama la atención el hecho de que podemos pensar la eternidad y concebirla, que podemos presentir, imaginar, crear, pero igual de sorprendente es la predisposición que tenemos para el arte y los sacrificios que estamos dispuestos hacer por él.

Sabemos que la poesía no se confina a las cosas como son y suceden, sino a como pueden ser y suceder, porque la poesía cambia la verdad conocida por otra realidad, sin perder ni alterar el sentido de la comprensión y donde la metáfora es la lógica de las cosas, conforme al sueño o a la locura. Para Aristóteles en el arte era preferible el imposible creíble a lo posible increíble, sostenía que cualquier imposible podía ser defendido por el efecto poético. En poesía la irracionalidad de la eternidad defendida por mucho no es tal, la eternidad existe, y el hombre la contempla y le canta. Poesía es concatenación, lo que está lejos de un final, y por mucho que avancemos en tratar de definirla, lo que conocemos de ella es apenas un susurro.

Un poema es, aunque los pensamientos expuestos en él sean erróneos, en poesía no importan los absurdos, "poco importa describir a una cierva sin cuernos si se le describe bien. (Celaya). El poema viene de lo temporal y busca eternizarse, es lo indefinible dentro de lo finito. Como diría Hölderlin: "Lo permanente lo fundan los poetas". La poesía es camino, las cosas vuelven, y nosotros con ellas. Los poetas están siempre en búsqueda de una verdad esencial, la encuentren o no, jamás se darán por vencidos, no pueden callarse y si se callan necesitan escribir su silencio: Silencio atravesado por mundos y por ángeles a la manera de Rimbaud.

La poesía está cerca de la verdad por ser su esencia reveladora, ella no inventa nada, no trata de aseverar, solo sucede. El poeta no deja entonces de intentar lo imposible, nombra, revela, y revelar es anuncio, desde la revelación propone un cambio.

Poesía como necesidad, para volver a lo que hay en ella de originaria y nunca agotada, a su juventud imperecedera y a la palabra como su medio de expresión, sus virtudes germinativas son en esencia, una subjetividad de una realidad en renovación permanente. El poeta imita el método de creación de Dios, "el gran matemático", creador de una notación particular y de un sistema propio con que puede explicar y aprender la fórmula sagrada que le permite revelar gracias a la alquimia de la palabra, con la que puede transformarlo todo en un paisaje alucinante e íntimo.

Las palabras aún en lo indecible tocan el ser, inventan un nuevo saber que puede estar o no separado de la lógica. El poeta descubre el mundo a través de otra apariencia y afronta esa ardua batalla contra el lenguaje, *y contra la palabra que revela lo existente y su verdadero sentido, y la palabra común que en el intercambio pierde su significado.*

Pero si la poesía ha existido siempre, si lo que fue volverá a ser, si todo es repetitivo. Si como afirma el libro bíblico del Eclesiastés: *No hay nada nuevo bajo el sol.* Los poetas estarán llegando siempre tarde. Algunos quisieran ignorar esta verdad, y mencionan los nuevos soles que siguen naciendo y la nueva poesía; pero ¿qué es lo nuevo? Esos soles eran energía antes de ser transformados en materia, existían antes de ser revelados. ¿Y la nueva poesía? ¿Los nuevos códigos y soportes que aparecen en este mundo moderno? El hombre llama nuevo al principio de un conocimiento ilimitado que está en expansión constante, cuando solo hace descubrir un rayito de luz en toda esa vastedad que es el universo, él intenta ofrecer un criterio de nuevo a su nueva visión; pero lo cierto es que las cosas estaban ahí antes de que él empezara a ver.

¿Qué es lo nuevo o lo experimental en la poesía actual? Poesía cibernética, holográfica, que apela a la gestualidad, y emplea nuevos códigos gráficos, plásticos, incluso léxicos, su tesis es la presencia del texto en un espacio vacío, una poesía que parece sorprender, que proclama el hastío de toda una tradición. Lo cierto que esa manera de ordenar las palabras y originar símbolos, no es puramente moderna, sabemos que en un tiempo las imágenes hablaron sin palabras, las imágenes se expresaban y contaban historias. Notaciones que sin ser escritura eran una forma abstracta de información, no demuestran el progreso de una cultura simbólica altamente desarrollada a la que la escritura le debe mucho. Según esto, ¿qué diré? ¿El hombre de las cavernas era desarrolladamente moderno? En esas culturas la producción de símbolos e imágenes eran tan complejas como lo son hoy. El hombre *"primitivo"* producía y leía un conjunto de imágenes y símbolos que demostraban su necesidad de expresión. De todo esto aprendemos que los intentos por narrar del arte, y la necesidad de construir nuevos modelos, y nuevas vías de expresión, son inherentes al hombre. El arte es un don, un regalo, y como ya se ha dicho: *una herencia que creemos inventar.* Borges aseguraba que solo hay hecho estético cuando se lee o se escribe. Así que esas anotaciones que sin ser escritura pueden hablarnos, lo son. ¿Estaremos retrocediendo, recorriendo un camino cercano al origen de la escritura? Repito ¿Y la poesía actual? Nunca ha habido más necesidad de poesía que ahora.

Nos adentramos en un mundo cada vez más turbulento y la poesía expresa esa turbulencia, expresa transformación de vida. Hay la poesía destructora de la poesía, que trata de *destemporalizar* el arte, que busca eliminar los elementos humanos, donde el yo cambia por nosotros, que pasa vertiginosamente de una poesía interior a una abierta, histórica, poesía de catástrofe, de exteriores, que exhibe la complejidad del hombre cotidiano, donde el poeta es protagonista y vive la pérdida de valores. Poesía violenta, brutal, directa, que no cuenta las sílabas, que no persigue semejanzas sonoras. Una poesía que parece estar liberada de ritmo y de estructura clásica, pero que lleva en sí una analogía virtual y rítmica. Contraria a la evasión; pero romántica, que testimonia lo visto e incorpora la modernidad. Una poesía regida por la ley de la espontaneidad. Mito exaltante, una explosión que quisiera borrar de golpe toda visión poética, donde puede faltar, o donde la metáfora es muchas veces el elemento decisivo. ¿Es esto una nueva andadura? Puede ser que lo antes mencionado haga de ella algo centellante y por ende ofrezca una ilusión de novedad. ¿Pero, qué es lo nuevo? En ella sigue el hombre enfrentado a la vida, a sus nuevas circunstancias, a sus miedos, a sus dudas existenciales, son sus angustias tomando universalidad, es el universo del caos, del sufrimiento, donde el hombre nuevo expone sus derrotas, su fracaso, su cansancio del mundo antiguo, ¿es esto lo nuevo, una ruptura?, ¿puede el hombre desechar los patrones antiguos, y olvidarse de lo que le ha antecedido? Octavio paz reflexionó acertadamente: "*Saberse parte de una tradición implica saberse dentro de ella, lo cual tarde o temprano conduce a interrogarla y a veces a negarla*". Desde la poesía no hay contradicción la contradicción somos nosotros, donde lo irracional siente el compromiso con lo racional y viceversa, logra fusionar lo real y lo absurdo, niega para afirmar. *"No hay nada nuevo bajo el sol".* Thiago de Melo ha dicho admirablemente: *"No importa que hablemos tanto, siempre repetiremos".*

Entonces si no hay nada nuevo, si todo se ha dicho, si algún día no habrá memoria nuestra, si nada hemos logrado, si poesía es una manera de escribir o de leer los silencios, si toda la escritura y la lectura no pueden contenerla, cabría decir: Escribimos porque ignoramos.

¿Por qué escribimos poesía?

Para Mallarme: *Todo existe para un libro*, así que nuestra vida y nuestras experiencias son hechos para el arte. El infortunio y la tristeza son material ineludible para la poesía, la nostalgia ligada al hombre y al sentimiento de pérdida, ligada a lo que perdimos, y a ese tiempo mejor que añoramos.

Hoy se vive y se escribe con prisa, es menester entonces, *"que todos los golpes den en el blanco y que ningún disparo sea inútil"* como pedía Baudelaire, para quien: *"la poesía no tiene otro fin que ella misma"*, entonces, *la poesía es un fin*. Y parece ser que el fin de toda escritura es convertirse en hecho poético; pero lo cierto es que lo escrito no es un absoluto. Escribir un poema es redescubrir el universo y volver a representarlo, pero en lo escrito la poesía no acaba, empieza. Lo escrito adquiere plasticidad, por su carácter polisémico, escribir le da a la poesía un rostro, la viste de carne; pero esta va más allá en un eterno acto de hacerse irreconocible, se va, se pierde, vuelve, espera, siempre espera, para otra vez ser encontrada, para otra vez… hasta que toda esa imagen, ese cuerpo invisible que no deja de ser sonoro, y por ende perceptible, comienza a existir por la palabra.

Se ha dicho que escribir es justificar, justificar en sí mismo y en los demás el mayor número de vidas individuales, esa irracionalidad que somos, y la irracionalidad que son los demás. Escribir es multiplicar, el poeta goza del incomparable privilegio de ser a voluntad el mismo y otros —continúa diciendo Baudelaire—. Pero la escritura puede bajar al escritor del púlpito, cada vez importa menos el que escribe, pocos estarán atentos a lo que dice, y a cómo lo dice. Ya se sabe que la escritura es mucho más efímera que la esencia poética.

Yendo a Sartre: *"El escritor tiene una situación en su época, cada palabra suya repercute y cada silencio también...* Sí escribir es revelar el mundo y proponerlo como una tarea a la generosidad del lector, la lectura será también creación, el escritor recurre a la libertad del lector para que este sea su obrero maestro de la creación, esta complicidad es a lo que se le llama: *"pacto de generosidad".* Sé cuánto tiene esto de cierto, no me acerco a un poema para conocer a su autor aunque a la postre será inevitable. No me interesa su verdad, puedo sentir un gusto aunque no entienda, puedo ignorar o inventarlo todo, y puedo interpretar o revivir lo que ni siguiera fue pensado por el autor.

Me acerco al poema como a un espejo en un acto de fe. Siempre que leo "Alfiles" un poema de Reina María, su culpa es mi culpa, una culpa que ella descubre mientras yo hago pasar a la existencia objetiva la revelación que ella ha emprendido por medio del lenguaje.
La contemplación es silencio, pero el lenguaje es lo que comunica. No hay lectores pasivos o espectadores. Para Gabriel Celaya el que se recrea con la obra de arte, la vive recrean dola, la vuelve a crear. Para Celaya como para Sartre, si el lector no es capaz de lograr esto, es porque no ha penetrado hasta el fondo. El ser que escribe es en la poesía, y en toda obra de arte, un ser-emisor y el que lee, es un creador-receptor. Entonces todos escribimos de algún modo. Se sabe que el poeta escribe más de lo que puede explicar, o explica más de lo que escribe, y que un mismo texto puede hacernos sentir una fascinación,o dejar en nosotros un sentimiento de rechazo.

En lo escrito se muestra el sentimiento hecho luz, sonoridad, calor, apetito, el poeta nos deja su mirada, las imágenes pueden ser más intensas y elevadas que la emoción.

Escribir es reparar la herida fundamental, la desgarradura porque todos estamos heridos –escribió la Pizarnik– para ella escribir era escapar del incendio, su vida y su muerte fueron su gran imagen literaria, y sabemos que solo encontró la verdadera libertad en la escritura.

Escribir –nos dice el crítico– *es cierto modo de creer la libertad* (Sartre 1972) y le creo. Porque también nos ha sido dada la esperanza, por eso deseo que no tomen en serio las palabras de Pessoa cuando dice: *porque solo en la ilusión de libertad la libertad existe.* El poeta no debe perder nunca la fe, debe trascender muy a pesar de él y de su obra, este es el camino a la perfección, a la verdad, a la reconciliación con Dios. Escribir es una situación, parte de lo que el hombre simula en su intento de ser independiente, otra vanidad que acuña nuestra impotencia, caricatura de nuestro existir, buscar compañía, aunque escribir sea un acto que precise soledad.

Si el destino de una obra es exhibirse, unir, diferenciar grupos, si la poesía es un regalo, un don, una herencia ¿Qué me queda por decir? ¡Somos ingratitud!

II. ¿POR QUÉ ESCRIBIMOS POESIA?

Yo escribo para que las tinieblas cedan y el destino pese menos sobre los hombres. Por qué otra razón podría escribirse ¿para hacerme célebre? ¿Para revelar algunos problemas de formas? No es eso lo importante. El escritor escribe porque el destino y el sufrimiento le atañen. Porque todo lo que un día existió es presente y porque el presente contiene lo que vendrá.

William Faukner

Según Faukner escribimos porque nada es ajeno, y nos incumbe la vida y los hombres, el pasado nos contiene y el presente se repetirá. Lo repetitivo, lo que nos define como colectividad, ese acercamiento, para sondear lo desconocido. Esa fuerza llena de intención y poderío, llena de libertad, eso es la escritura. Tiene el hombre necesidad de escribir, y ese sentir nos salva, porque todo lo que es redentor libera. La pregunta importante seguirá siendo ¿Por qué se manifiesta esta necesidad de escribir en unos y en otros no? Pregunta que podría explicarse por el mismo hecho, de que no todos somos doctores, o maestros. Hay en el hombre variedad y disponibilidad, además de los muchos dones. ¿Por qué escribimos poesía? ¿Será una cuestión de vocación? ¿influencias, predisposición? Tal vez, lo cierto es que no podemos imaginarnos a un poeta siendo obligado a escribir, como tampoco podríamos imaginarnos a un médico siendo obligado a practicar cirugías. Para aquellos que dicen ¿Por qué romperse el alma por tan poco? Baudelaire responde: el hombre razonable, es aquel que dice: "yo creo que esto vale tanto porque yo tengo genio, pero hay que hacer algunas concesiones... Para él, la poesía divide a los hombres en dos grupos y establece un límite marcado entre los espíritus de primer orden y los de segundo orden. Escribir es un completo privilegio. El poeta es uno que aprende, es uno habituado a las *"alucinaciones"*, a las que llega por la intuición, o por los símbolos que solo él contempla. Y la metáfora es lo incorruptible, lo que siempre está ligada a esa noción de libertad. Él se siente provocado por ese absoluto hecho de fragmentos y destellos donde todo resplandece. La metáfora es el cambio, el movimiento, con lo que logra la trascendencia. El poeta no comunica sensaciones, sino imágenes. El poeta es un adiestrado, lo que él ve no lo imagina, lo que ve es una imagen real, que puede vivir en su interior, o ser externa al sujeto que logra transcribirla.

Si la escritura salva, la poesía es su mejor virtud. Los poetas no queremos renunciar a ella. Es de esencia divina y puede revelar las realidades otras. Ellos saben que lo externo no es la única realidad, y que los asientos de los sentidos poéticos completan el orden de la creación, un orden que se integra a lo visible y a lo invisible y nos revela continuamente. No, un solo orden, sino dos, dos totalidades: el absoluto individual, y el absoluto exterior del universo. El poeta es el que obedece las leyes de la poesía, (que son también las ocultas leyes del mundo) ¿Qué lo lleva a escribir? El impulso poético, que es a su vez el impulso de la visión enajenada de los esplendores invisibles de otras realidades. Un exceso, un desborde de vida, además del misterio que ejerce siempre una fascinación en el hombre. Hambre y deseo, el sentido de posesión, el privilegio de esos instantes, donde la palabra resuena y libera, donde el símbolo resplandece y despierta la memoria. Ese impulso que rompe sus propios límites en una incesante apertura; eso es poesía.

La poesía nos acerca a la ausencia y a la muerte. Tal vez, ante la resistencia a esta circunstancia, la poesía se escribirá con sangre, será evidencia y demostración de esa batalla del ser contra lo inexplicable de la existencia. Pero, ¿cuántos tipos de poesías conocemos? ¿Y Cuántos tipos de poetas existen?

Están los que buscan el lado monstruoso y antinatural y se hacen rebeldes, los que trasgreden siempre, en ocasiones con una poesía destructora de la poesía con la que tratan de narrar su experiencia. Rebeldes perennemente, trasgreden los modelos impuestos y barren esos millones de esqueletos de una tradición que aborrecen. El poeta *"que se hace vidente por un largo, inmenso y razonado desarreglo de los sentidos"*, él es el maldito, que busca la soledad purificadora en el éxtasis de la huida y en la escapada. Puede pensar o no en el Edén; pero estará volviendo inevitablemente, estará la verdad hiriéndolo, la inagotable amargura debilitándolo, sentenciándolo como a un ángel caído. Algunos jamás regresan, desertarán, habrá un apartarse a tiempo para alcanzar otra liberación. Se dará en ellos la renuncia Rimbaudiana, los que logran salirse de esa *maldición* atronadora que llega a ser la poesía, esa fuerza descomunal y avasalladora. Pero hay el poeta que sigue el camino de la luz, que no desecha nada, todo le importa, sabe que hasta las cosas más simples pueden significar, descubren que las cosas débiles e insignificantes tienen poder, porque son estas cosas simples, las que provocaron el aplauso de los ángeles. Algunos están retornando siempre, vuelven como el hijo pródigo después de andar errantes y perdidos, recobran el juicio y la madurez. Pero a unos y a otros la Poesía los pone en servidumbre y siguen obedientes a ella. En ocasiones el poeta puede ser el gran enfermo, puede estar herido como Job, descubrir lo irreversible de su condición, o el desbocamiento hacia otra condición mucho peor, entonces presenta a la muerte como bendición.

La poesía es lo más cercano al comienzo, lo que precede al nacimiento de todas las cosas, en ella hay muchas realidades ocultas, el mundo irracional que va más allá de los sueños, representa un cosmos que solo puede ser interpretado bajo la luz originaria de la palabra. Y hay necesidad de ella, de una escritura múltiple, conciliadora. Un arte que esté cerca de la verdad incontaminada. La poesía auténtica cumple la absoluta certeza que pedía Whitman: *el arte debe conducir a la verdad y no a la realidad.*

Para Barthes: *la escritura es la ruptura de toda voz, de todo origen, el blanco y negro donde acaba de perderse toda identidad... todo texto está escrito atentamente aquí y ahora, –para él–, el poeta se limita a imitar un gesto siempre anterior y nunca originar y el único poder que tiene es el de mezclar la escritura.* Esa situación que se crea entre lector y texto, los dos coincidiendo en el acontecer para crear una escritura única, que este por encima del lenguaje y las culturas, por encima de los tiempos. Aproximarnos, encontrar la lengua, hacer sentir, palpar, dar forma, encontrar la fórmula siempre llena de armonía, encontrar la libertad, un lenguaje que vaya más allá de los códigos del tiempo y la memoria, a todo eso aspira la poesía. La poesía ignora el tiempo y lo trasciende, obra independiente de él, como una real existencia y un modo de vida, logra esa participación, anuncia, aproxima, pero también es una forma de volver, es el *eterno retorno.*

Pero, ¿a quién le interesa la poesía hoy? Es un punto de crisis, lo sabemos, cada vez hay menos lectores de poesía, y cada vez importa menos la lectura en esta era tecnológica.

El desinterés en la poesía sería un buen tema para reflexionar; pero hoy me ocupa el hecho del autor. ¿Por qué escribe? ¿Por qué persiste? ¿A qué obedece el impulso de querer expresarse, ese insistir en hallar la formula creativa? ¿Para qué tanta lucha, tantos años de ascesis, de dolor y resistencia, de batallar con la palabra y los silencios?

Los poetas no son hombres débiles, escriben ignorándolo todo, ignorando a los otros, peleando sus propias batallas, toman la lanza donde la dejaron los que le antecedieron, y entonces prosiguen. Escriben sin que le importe la apatía y la indiferencia y el propio dolor e insatisfacción que sienten ellos mismos. Rilke sabía todo esto cuando escribió: *toda gran realización de arte, incluso en su logro mayor, es a la vez distinción y humillación para quien ha sido capaz de él*. Solos los audaces soportaran, los que están dispuestos para aceptar los votos, un sacerdocio, las alegrías y satisfacciones y también las tristezas y humillaciones que tendrán que enfrentar, en aras de no sacrificar lo que también resultará para ellos, un único camino de salvación.

III. ¿Por qué escribimos poesía?

Parece que tiene que ver la sentencia del ángel de revelación: *"lo que ves, escríbelo"*. Escribir parece ser la herencia, cada uno de nosotros descubre la verdad, una verdad única y abrumadora que queremos expresar. Escribir es traer lo ausente, es traer otro tiempo y otra realidad, traer lo invisible, la experiencia no repetida, copiada y única, que es a su vez, el resultado de una convicción también personal y nueva. La renovación es el móvil principal de la escritura, el poeta solo puede traducir. Aunque no hay nada nuevo, hay lo desconocido, y un conocimiento al que nunca accederemos. Para muchos se escribe poesía para encontrar a Dios, otros encuentran en ella esa comunión de fe o razón, para otros se escribe para encontrar el bien. Entonces es correcto decir que: se escribe para encontrar, justificar y reconciliarnos. Aunque la poesía testimonie la pérdida y diga todo el dolor del mundo; en ella está lo que pedimos y lo que necesitamos: "vida". Y es la celebración del hombre, esa necesidad de acercarse a lo divino y a lo sublime en la búsqueda hacia uno mismo. La introspección, el querer mirarnos el alma muchas veces, el deseo de reconciliarnos y de seguir en busca de una redención posible, es un poco lo que nos hace escribir. Se dice que se escribe para salvarse de la monotonía del pensamiento y de la soledad, para salvarse de la rutina de la imaginación; pero poesía es nuestra mejor excusa para seguir en soledad aún dentro de una multitud tan concurrida. El poeta está solo, y en ese abandono sigue entregado a la contemplación, recibe el impulso creativo, se ha vuelto sensible, siente cada desesperación del espíritu, lo asaltan esos estados febriles que trascienden la conciencia.

Escoge la palabra: el hilo de Ariadna que lo hace salir del laberinto, la palabra para llegar más lejos, en ocasiones solo hasta donde puede, porque las palabras también son inaprensivas e inefables, alguna difíciles de aprender, fugitivas, huidizas. Se dice que, *la lengua es la mitad del hombre y que la otra mitad es el corazón.* El hombre estará incompleto si no dice, incompleto si no se acerca a las palabras, si desconoce a la poesía. Hay mucha poesía latiendo, esperando que alguien la escriba, esa lucha constante le otorga dignidad heroica a quien es capaz de hallarla. Ella se deja presentir, se anuncia. Y es, el ideal del poeta: descubrirla, y esa es la esencia de la poesía: esperar al héroe para ser redescubierta. Lo cierto es que la necesitamos, y a su virtud liberadora, tiene el hombre necesidad de ella en todos los tiempos. Los poetas somos seres necesitados y sin libre albedrío, ¿determinismo, predestinación? Tal vez. Predestinados o no, se nos dio una manera diferente de ver y sentir. Creo en la poesía engendradora de poetas ávidos y heroicos. Se nos escoge, se nos obliga a cargar el madero y se nos clava en la cruz. Poeta el que soporta un destino de búsquedas, tanteos, inmersiones, sorpresas y hallazgos con relación a la escritura. Pero la poesía también es curación, nos mejora y nos humaniza. Entrar en contacto con ella alivia y dignifica, ya sea que escribamos o que seamos lectores.

Cuanto nos deja un libro de poemas, cuantas emociones suscita esa entrega, ese vernos reflejados, el poder que consigue: "ser otros", vivir otras vidas o espiarlas, ser cómplices. Seguirá siendo un misterio como algo que no logramos comprender del todo, puede ser capaz de conmovernos, la manera en que la poesía logra ese estado de purificación en nosotros, de acercamiento, y de aproximación. La poesía es hipérbole, exageración de la vida y de la realidad, es desbordamiento, un torrente que alimenta y nutre. La sanidad está en el verbo, en su energía, en su vigor, en él está la acción, el cambio.

Las palabras llevan más que existencia e inmortalidad, además de ser soplo, espíritu, aliento, son también lo ambiguo y lo fugaz, lo terrenal encarnando, un legado que llega a ser traspasado de generación en generación. Palabras llenas de espectros, de pasado, de insomnio, llenas de melancolía. Y estará la imagen del poeta poseído por todo esto y más, por la tierra y por los hombres con sus implicaciones terrenas. La poesía como en toda fuerza poderosa, hay en ella una parte incontrolable y destructiva. El poeta puede ser el endemoniado (legión), el que no puede frenar o embridar esas fuerzas, el que no puede controlar sus obsesiones. Cada incursión que emprende es un nuevo descenso a los infiernos, un desarreglo, un estado caótico semejante a la locura. Un estado de degeneración tal, que no lo soporta el ser, porque no se puede vivir en el caos mucho tiempo. Impotentes para salir de sí mismos, (y otra vez el imposible), no tienen otro fin más que aceptar la locura o el suicidio.

El poeta no conoce el texto hasta que lo escribe, materializa una poesía que está fuera de él, pero son sus temas, sus emociones y vivencias, su conocimiento y forma de expresión lo que le da vida. Escribe con memoria emotiva, es uno que domina las circunstancias y controla los estados febriles. Para Adolfo Bioy Casares: Escribir es agregar un cuarto a la casa de la vida. Poesía es la palabra, esa galaxia de germinación profunda que vence y nos rescata de la muerte, que nos bautiza con su fuego y nos acerca a la inmortalidad, ella nos reclama, espera, siempre espera.

Las palabras nos contienen, están hechas de nuestras sustancias, son nuestra alegría o nuestra infelicidad. Ellas son el hombre y crean con él, también son su misión existencial y su meta. Las palabras suscitan un eco, una resonancia que estará renovándose y a la que el poeta tiene que volver, porque él vive una larga resignación, está dispuesto para las palabras, y está hecho de manera adecuada para sentir y trasmitir ese hechizo. Sigue la voz interior que solo el oye, tiene la responsabilidad de sí mismo. Avanza, siempre avanza. Carga el yugo que escoge, (¿por voluntad?), duda, muchas veces duda que ese madero haya sido escogido por él, por eso ruega: "poesía pasa de mí esta copa". Según René Char: *Los poetas amarán el vacío de su corazón hasta el deseo /siguiente; porque nada naufraga o se complace en las cenizas.Quien sabe ver en las cenizas; quien sabe ver como la tierra alcanza /su fruto, no se conmueve ante el fracaso, aunque todo lo haya perdido.*

Escribir es un sacerdocio, él poeta lo acepta. Seguirá en su ungimiento sagrado revelando su mundo poético desde la lucidez o desde el deslumbramiento. Como co-creador en la recreación que es la escritura, responde e interroga, construye, penetra, trascienden la consciencia, el orden de las cosas. Pero está donde quiere, o donde debe, escribe cada vez más consiente que ese deseo por la poesía es continuidad, permanencia, un deseo que sobrepasa los límites y las eternidades.

De la palabra al primer crepúsculo

En el principio la palabra era...
Juan 1: 1

"Sistemas de cosas puestos en orden por la palabra...una palabra viva que ejerce poder, que es más aguda que toda espada de dos filos, que penetra hasta dividir entre alma y espíritu y entre coyuntura y sus tuétanos y que puede discernir pensamientos e intenciones del corazón" . Esta revelación de Pablo a los hebreos serviría de estímulo y razón a todo lo que se dijera después para demostrar la supremacía de las palabras. Una palabra originaria de mundos, de realidades distintas, que lleva existencia en sí, materializa lo que toca, una palabra vivificante que se encarna para la salvación, que puede salir de los infiernos, que no muere. Una palabra que es el retorno a Dios. Nadie ha ido más lejos que los escritores bíblicos en explicar el origen y esencia de la palabra. Revelan al Dios que trasciende el universo físico porque es la causa de su origen, y a la palabra como el principio de la creación. Hablan de dos divinidades separadas y distintas, el Dios eterno e increado y después, del dios unigénito engendrado antes de la creación, por medio del cual creó y ordenó todas las otras cosas. Otros no establecen distinción, consideran la palabra como manifestación de la esencia divina. Dios y verbo en una sola naturaleza, en una única esencia; pero distintos por sus atributos personales. Pero si de su actividad creadora se derivan otros hijos y otros espíritus, ¿son estos partes de su misma sustancia, comparten su misma esencia? Ésta y otras interrogantes tendrán que enfrentar el dogma trinitario. La aplicación errónea de términos como *"esencia"* o *"sustancia"* para definir a Dios, seguirá creando un problema de interpretación si Él es alguien, y no algo. Otra y misma, es la mentalidad expresada por filósofos, tal es el caso de Anselmo de Acosta, para quien *"la palabra interior de Dios no es un sonido de voz, sino esencia creadora"*. Esta explicación de una única y misma esencia; pero que a la vez es distinta, parece más una metáfora, una cuestión de fe filosófica que Abelardo busca justificar con la simple declaración, *"la naturaleza divina se puede expresar solamente por parábolas o metáfora* ¿Qué diré, filósofos pensando como poetas, o poetas expresándose con filosofías? Descubro en muchos filósofos, la intención aunque no busquen poetizar. Algunos lo logran, otros sólo pueden balbucir y contradecirse. Considerar la trinidad como una definición poética pudiera estar bien, pero hay que enfrentar otro hecho: "el poético". Y esa es la acción de la poesía: el camino a la búsqueda, a la revelación. Si poesía es revelación, lo que traduce por excelencia, podrán aclarar muchos misterios, y por ser creadora, podrá arrojar mucha luz sobre el momento creativo.

Ubiquemos al poeta en el drama de la creación. Testigo y partícipe del espíritu divino, engendra el verbo que a su vez, por ser imagen y semejanza es también creativo. El poeta de la creación opta por tener compañía, un *logos*, donde more la plenitud y un medio por el cuál reconciliar de nuevo las cosas consigo mismo: la palabra. Así, como Dios se manifiesta en lo creado, el artista en su creación lleva el ser a las cosas. Él, la gran fuente de energía, convirtiendo en materia la poesía del cosmos, el instrumento es la palabra. Un cosmos que se organiza, El Fiat Lux, la gran metáfora del génesis: en medio del caos aparece la luz, y entonces nace el poema. En la mente del poeta está la obra que ha de realizar; pero no tendrá existencia si no se materializa, existirá solo en el pensamiento.

El soplo divino vivifica la palabra y con ella todo lo demás, el verbo y también la poesía.

La Escritura sagrada alude a *"la palabra"* como el comienzo de todo, y también la máxima *Mallarmeana,* explica que la poesía surge de las palabras y no de los sentimientos. Las palabras convierten a la poesía en acto de creación, o mejor aún, la poesía se hace palabra. Magistralmente Huidobro dijo: *"El poeta es un pequeño Dios",* y yo agregaría: un pequeño Dios que ha recibido la palabra como herencia. Aprendemos entonces: de la misma manera como las creaciones del hombre están separadas de él, las creaciones de Dios, no son Dios mismo.

Así como la poesía busca el linaje de la palabra, y es la unidad profunda de dos identidades distintas. Así Dios y verbo son dos, distintos y únicos antes y después del momento creativo. La palabra es el retorno a Dios y es reconciliación, pero es también la conciencia de su eternidad, lo que explica (Juan 1: 18). La palabra revela a su creador, se conocen y se relacionan. Poesía como expresión de vida, se funde al logos, un verbo que se encarna para la salvación, para dar testimonio vivo del origen y de la verdad. Poesía como victoria, no acepta la muerte aunque se extienda hacia la eternidad de lo muerto. La palabra que sale de los infiernos y vuelve a Dios, incólume, inmortal, ella es retorno, siempre estará volviendo y nosotros con ella. Pero hay la poesía que destruye, hay la poesía destructora de la poesía. No sé cuántas clases habrá de poesía y cuantos caminos conduzcan hasta ella, lo cierto es que siempre tendrá un efecto sobre la vida del hombre. Poesía es pluralidad, un reino que todo lo engloba, que junta el bien y el mal, lo racional y lo irracional, misterio y "ocultismo". Y mientras más se aleje el poeta de lo divino, será arrastrado por fuerzas descomunales, por una fuerza brutal y demoníaca, un caos que resiste y desafía el orden. La poesía se acerca al misterio, a lo desconocido; pero la poesía es muchas veces el hombre, y este es *legión*, lleva a ella la irracionalidad del pensamiento, esa multitud capaz de imaginar, de avanzar a las más ignotas especulaciones, une en sí, lo apolíneo y lo dionisiaco, lo absurdo y lo lógico, siempre ahondando en el misterio que ella misma es, ofreciendo a la realidad una mirada múltiple. Donde cada uno dará su explicación de su "verdad", y como él la entiende. El poeta puede extender su aprensión estética del mundo, para enriquecer el legado poético que dejará. Ya sea Dylan, Blake, Tagore, Rilke, o Hölderlin, y todos reflexionen sobre el sentido trascendente de la poesía, saben, que no hay límites en ella, que se extiende más allá de lo que el poeta escribe, donde todo es posible, porque no hay nada en ella que sea irrealizable.

El poeta en su condición mortal tiene limitantes, asiste al nacimiento de todo, pero sólo puede interpretar el mundo como él lo ve. Las cosas ya están creadas, sólo podrá recrear y desesperarse, solo puede percibir las palabras en sí, el movimiento que irradian. Son más las veces en que nada puede añadir; tampoco puede agotar la realidad: él es uno que olvida o hace como si no supiese; las palabras logran un "estado", un "continuum"; muestran lo que hay en el interior y en la profundidad, lo que no aparece a la vista. Él sólo podrá traducir la poética del universo, una poética que no es reemplazable, establece un juego de analogías, para poder diferenciar, independizarse, escribirá una poesía de resonancia, esa dualidad de contrarios que se establece con la relectura del universo y de la propia poesía.

Aristóteles reconoce el carácter imitativo del arte; pero no ve como Platón el motivo para considerarlo ilusorio, sabemos que el arte sí copia de la realidad, y que el poeta es un intermediario entre la realidad y las palabras, entre la imagen de las cosas y su existencia. Artífices de un universo verbal, logrará dejar una sinfonía que alcanzará universalidad. Toda la existencia latiendo en el espacio de un poema. La imagen poderosa, la que exige tiempo para ser traducida, estará libre de límites temporales y espaciales, cargada de eternidad, y quedará sonando como una gran campana. Lo perfecto será recordado, será parte nuestra y terminará por hacernos diferentes. En poesía, como en la naturaleza, lo invisible se justifica por lo visible, la poesía también será un medio de conocer y aprender la realidad.

Si Cristo es el logos, la piedra angular, la sabiduría personificada, un yo que es otro, que se convierte en multiplicidad, (Verbo, Cristo, Abadón, Miquel el arcángel) –el "*je est un autre*"– no es originario de Rimbaud, ni el yo en muchos, donde uno domina sobre todos, (recordemos el hombre poseso de demonios que impugnó Jesús). Por lo que, la personalidad dividida, ese otro que acompaña la actividad reflexiva y que no se reconoce, tampoco tuvo su origen en los románticos alemanes, ni en la heteronimia de Pessoa. Hay en toda creacion un paralelismo con el momento creativo original, la palabra es verbo, un verbo que es muchos, que se encarna y resucita, que vence y domina las fuerzas del caos y la razón, y hasta la misma muerte. Según lo expuesto, la palabra es anterior a la historia, precede el nacimiento de todo, considerada objeto, ofrecida al hombre, hecha y destinada para él. En la palabra está lo fundacional, la lucidez, la experiencia totalizadora. Cuántas eras, cuánto pulso contenido, cuántas nuevas y antiguas miradas. Las palabras son el presente y son retorno, crean otra percepción, nos hablan de un comienzo perfecto; pero a la vez traen un desconcierto mayor: nada que pensemos o imaginemos será auténticamente nuestro. Ellas nos han antecedido, nos convencen de que algo nos falta, mucho nos engañaremos en la búsqueda de significados y significantes, porque las palabras también están hechas de silencio y memoria; son el hallazgo y al mismo tiempo la soledad.

Borges cita en su ensayo, *El culto a los libros, el tratado Sefer Yet Serat* (Libro de la formación), En el revela: *que Jehová de los ejércitos, Dios de Israel y Dios todopoderoso, creó el universo mediante los números cardinales que van del uno al diez y las veintidós letras del alfabeto.* Y es que unos verían en el número la sustancia originaria, otros en la palabra; pero ahora aquí aparecen juntos. Número y palabra como sustancia creadora del mundo, como hipótesis del orden mesurable. Número y palabra para dar la armonía universal, para indagar la esencia de la vida, para imitar el arte de Dios. Y es la necesidad de hallar la fórmula creativa, la necesidad de expresar ideas y sentimientos lo que nos ha hecho poetas. Hay necesidad de la palabra para aprehender el sentido de la vida, para revelar la realidad, y para indagar en el ser. Podemos comprender todas las relaciones gracias a su actitud contemplativa y mediadora. Cifra y plenitud, unidad de lo múltiple donde estará fluyendo siempre la poesía que busca reintegrarse a nuestro ser. Para entender el orden y la unidad del mundo, la poesía también busca aprendernos. Las palabras y sus sensaciones nos definen, nos dan una identidad. Poesía es el instrumento para escribir el sentimiento y dar forma a los sentidos. Existe en ella el deseo de liberarnos de lo racional, nos acerca al enigma y eso nos gusta. Que la literatura sea un arte de influencia, lo explicaría Pessoa, porque *se basa en la palabra que es abstracción suprema... porque no conserva nada del mundo exterior, porque el sonido –accesorio de la palabra– no tiene valor sino como asociado, por imperceptible que parezca esa asociación.* La palabra ejecutora, la que ha ido construyendo la historia, ha ido sustentando al hombre, dándole posibilidad infinita, resistencia ante el dolor. Nos entrega su energía; pero jamás sacia, nos va despertando una conciencia, un hambre de continuidad, de participaciones, nos entrega su lumbre, reminiscencias, la palabra añadida a la naturaleza, es todas sus relaciones, y poco lleva tanta verdad.

La importancia de la poesía está en ella misma, su fiebre es más que exaltación, vestida del atributo divino de la eternidad. El poeta se acerca a ella a través de la imaginación. Esta definición estaba en el pensamiento de Blake: "El mundo de la imaginación es el mundo de la eternidad" Contrario a la opinión de Borges, el concepto de eterna humanidad nuestro yo no lo rechaza, y tampoco creo que la perfección sea una vanidad, cuando son milagros que explica la literatura. El poeta como Job puede creer que está abandonado, y se espera que reniegue, vive como un ser desesperado, sin posibilidad de cambiar nada, siente el vacío de la incomunicación; pero dialoga, muestra los conflictos existenciales del hombre, siente lo permanente de la pérdida y lo insuperable del dolor, ve cómo todo se va, percibe el pánico de su conciencia ante la inmensidad de Dios. El poeta como Job, adopta una actitud de espera, padece sin transigir. Si la poesía toma un poco de su dolor y desesperanza; también tomará de su resistencia y aprenderá a soportar sin renunciar. El poeta se sobrepone a sus circunstancias, quiere agotar lo infinito y trascender la conciencia de la existencia, la poesía no pocas veces logra fundirse al ser y rescatarlo de sí mismo.

El que escribe sabe de sí y de los otros, muchas veces necesita volver a la inspiración de atrás. Volver, será también avance. La inspiración llega de forma sorprendente, reconoce la esencia de su propia vida en generaciones pasadas, el poema integra el acontecer de los otros a la individualidad del poeta. En todo el caudal de la poesía que surge correrá el verso a su estado prenatal, la forma jamás es estática, poseerá una infinitud de movimientos, y de presencias colectivas. Hoy es doctrina que todos los autores sean un solo autor. Es una de las tesis del pensamiento de Octavio Paz: *La idea del mundo como un texto en movimiento desemboca en la desaparición del texto único, la idea del poeta como un traductor o descifrador conduce a la desaparición del autor.*

Poesía es renacer, y es comienzo, negación, continuidad, –he aquí lo paradójico– el renacer en poesía siempre será una forma del retorno. Si nos detenemos en Valéry encontramos las mismas reflexiones; para él: *"no existe verdadero sentido de un texto, no existe autoridad de autor, sea lo que fuere lo que haya querido decir, he escrito lo que he escrito... de manera que si me interrogaran qué quise decir en tal poema...respondo que no quise decir, sino que quise hacer, y que fue la intención de hacer la que quiso lo que dije".* Lo que deseamos contar ya está en las palabras, pocas veces contamos lo que pretendemos, las palabras se advierten, se mezclan o se anulan y las cosas suceden. Cuenta la predisposición del lector, su estado de ánimo, vivenciaspero esto no le preocupa al que escribe. *No es en mí que se compone la unidad real de mi obra* –advierte Valéry– *he escrito una "partitura", pero sólo puedo oírla ejecutada por el alma y el espíritu de un tercero" para él , una "obra jamás acaba... sino que se abandona y este abandono es el que la entrega a las llamas o al público.* El poeta reconoce el estado reversible de la obra, las palabras pueden ser alteradas sin daño, pueden cambiar el sentido de un texto, o reescribirlo de nuevo.

Otro que sentía un gran amor por las palabras era Dylan Thomas, y sin embargo concluyó: *"No son las palabras las que expresan lo que quiero expresar; las palabras son lo único que encuentro que se acercan para explicar sólo la mitad... no me gusta escribir sobre las palabras, sólo encuentro las peores. Me gusta usar las palabras como el artesano la madera o la piedra, tallarlas, moldearlas, pulirlas hasta lograr el modelo capaz de imprimir impulsos líricos, dudas, convicciones, verdades percibidas que debo tratar de realizar".* El poeta reconoce que hay palabras llenas de oscuridad y abismo, insuficientes para traer la razón y la armonía al ser, palabras que no logran narrar, que niegan la revelación, palabras insuficientes, que no logra trascender la experiencia literaria.

La poesía es esa realidad que nace al revelarse, crea y revela, gracias al carácter simbólico del lenguaje y de la palabra, por su capacidad de evocar, de decir sin nombrar, declara lo que no existía porque no había sido dicho o no había podido ser dicho. La poesía es otro modo, -por no decir el único-, de recoger todo el silencio, y desde él, y con él, dar forma. La palabra habrá de parecerse al silencio, y como todo lo que está hecho también de mucho silencio, logra tender un puente entre las cosas.

Poesía es el instrumento para medir el tiempo: en ella está el pasado, el presente y el futuro, un universo de reciprocidades análogo al universo de los sueños, un universo sin restricciones. La instauración de una autenticidad, un existir genuino que llena la consciencia del poeta y del lector, nos recuerda las palabras de Pessoa: Hay metáforas que son más reales que la gente que anda por la calle. Hay imágenes en los escondrijos de los libros que viven más nítidamente que muchos hombres y mujeres. Hay frases literarias que tienen una individualidad absolutamente humana.

Aprendemos que las palabras se crean en el silencio, la música de la palabra está en el seno del origen del pensar poético: únicamente porque muere, canta mi palabra desnuda y retorcida, nos dice Antonio Gamoneda para quien: La poesía existe porque sabemos que vamos a morir. Pero lo cierto es que la poesía no muere, es lo que funda la esperanza, nos alcanzará lo eterno que hay en ella, y siempre avanzaremos hacia la vida, porque la poesía es ese reino libre de devastación.

Una invitación a leer poesía

Nada revelará más sobre qué es poesía que un libro de poemas. Un libro de poesía dice más que todos los tratados de teorías, como bien acertara a decir T.S. Eliot: *"las teorías del poeta deben fluir de lo que escribe y no lo que escribe de sus teorías"*. La crítica es inseparable de la poesía; pero esta hace de la crítica una negación. La poesía le impone una tensión severa. La poesía es tan maravillosa que ningún instrumento sirve para medirla; mucho menos un juicio individual o colectivo podrá jamás encasillarla o definirla. Y es tan difícil dominarla con una mirada, hay tanto misterio y tanta hondura, tanta sinergia e irracionalidad, tanta luz y tanto universo. Se sabe que todo argumento crítico tiene algo de ficción, también la poesía. En ella, todo vuelve al verso conciliándose a la naturaleza que en el poema perpetuamente crea y recrea, muere y resucita las realidades nuestras.

¿Le gustaría saber cómo y por qué se escribe poesía? ¿Quiere acercarse al ser y descubrirse usted mismo? ¿Quiere aportarle a lo escrito su experiencia y vivencia? Lea poesía, la que le guste o la que lo emocione, lea despreocupado, no trate de descifrar ningún secreto, no los hay, no busque fórmulas, no es matemática aunque multiplique o divida. No trate de interpretar, si la poesía lo conmueve, es válida y no tiene que entenderla. *"Nadie escribiría versos si el problema de la poesía fuera hacerse entender"* –decía Montale–. Descubrimos entonces que los poetas no buscan que los entiendan, escriben por vicio o por necesidad, perseguidos por sus obsesiones, o por las realidades que solo ellos contemplan. Ese es el vicio necesario del poeta: escribir.

Y es que un libro de poemas es un banquete, donde tanto el que escribe como el que lee, se sirven a su antojo, cada uno ofrece su verdad, cada uno aporta su experiencia. Cuando lee un libro de poemas usted también lo escribe, lo vuelve a reescribir, nunca es el mismo libro, usted habrá hecho una recreación a partir del original, también podrá crear, ser co-creador, iniciándose, obrero maestro y participante del hecho creativo y esa participación nos satisface. Si siempre habrá poesía, jamás faltarán lectores, son tan necesarios para que subsista la escritura; no puede haber uno sin el otro, y viceversa.

Descubra qué hay tras los tanteos del poeta, el nuevo yo siempre incorporado, el mismo, el yo y el mismo. Descubra las diversas maneras de estar en un poema, el placer, el movimiento, la ascendencia, el descubrimiento de lo ajeno y lo nuestro, la celebración. Saber qué siente, qué trae, qué revela una metáfora, además de ser *"lo mismo y otra cosa"*. Sea parte del juego, lea salido de usted mismo, mírese desde afuera. Cuando lee, usted no es la imitación es el original. De alguna manera influye en lo que está escrito. Lo que está en el poema, se magnífica en uno, y lo que no, lo que esta sugerido, lo que calla, es más silencio que podemos completar con nuestro propio silencio. Es su lectura, su manera de interpretar lo que llenará esos *"huecos"* que ha dejado el que escribe. Los que están dispuestos de manera adecuada son los que logran trasmitir la maravilla del acto poético. Excelentes traductores de un mundo, ellos son el espejo que refracta la creación. Cuando se lee, se observa uno mismo y esa contemplación siempre nos deleita. El poeta Paul Celan definiría así el arte de la traducción, para él: *leer poesía, oírla, escribirla y hasta tratar de comprenderla, es siempre un ejercicio de traducción*, así que traducimos siempre, cuando escribimos y cuando leemos.

¿Qué es lo real? ¿Hasta qué punto nos acercamos a la verdad? ¿Cuál verdad? Lea y su verdad será también válida, y quedará establecida. ¿Qué es lo íntimo? No hay diferencia para el hombre de hoy, para quien el universo y lo que lo rodea no es más una representación. Todo integrado al hombre, lo significativo y lo intrascendente, todo importa menos y todo va a la poesía. ¿Estaremos cambiando? Puede ser; lo cierto es que se vive con otra percepción, y con un sentido distinto del tiempo y del espacio.

Lea poesía, siéntase impulsado por el instinto y el enajenado vigor de las palabras, ellas son más que fuerza, no son solo soluciones imaginarias, son la existencia y va en movimiento; siempre avanzando, ponen en marcha toda una corriente luminosa que desborda un caudal de eternidad. Leer es el mejor camino para desandarnos de tanto dolor y malos momentos. Leer es resucitar, porque nos pone de pie, nos vivifica, hace que el hombre nuevo que nace o se recrea en la poesía, sea un ser superior dotado de lealtades y una nueva conciencia. Leer es haber vivido mucho tiempo, es aprender de otros, ser herederos de una memoria colectiva, con ese poder de integrarnos desde lo individual. Leer aproxima, es repetirnos y es multiplicarnos. Lea poesía, la lectura siempre será lo mejor, nos acerca a la vida que realmente anhelamos o nos gustaría descubrir, nos mejora y todo lo que nos hace crecer y mejorar, lo que nos concilia con esas grandes verdades que ignoramos, nos gratifica. La lectura es diálogo que busca desentrañar el más oscuro y misterioso sentido de las palabras, y sus hondos significados, pero va más allá. No importa que tanto avancemos, o qué poco descubramos, hay un deleite siempre en las palabras, ellas son como la buena música, despiertan ese hambre y deseo de evocación.

Festejemos la poesía que nos incita al hallazgo y a la contemplación. Poesía que nunca será excusa, sino una invitación a quedarnos. Tomemos sus ofrendas y acerquémonos a la divinidad, vayamos masivos en su riego febril y desbordado, en su develamiento. Si la escritura es representación, cuando leemos volvemos a presentar un universo íntimo o colectivo. Entonces también la lectura es acción creadora y transformadora del mundo.

Todo lo escrito precisa de un lector para llegar a ser realidad, para manifestarse. Si todo existe por la lectura, leamos entonces, ella encierra muchísimas maneras de la existencia. Si la escritura reconcilia, también la lectura es el puente necesario, el camino que nos acercará a otros y a lo divino. Lectura es el tránsito a la búsqueda, una invitación para encontrar lo definitivo, lo que sigue extendiéndose hacia la infinitud de lo vivo.

Para los poetas

Un poeta, –diría Rimbaud–: *dará algo más que la fórmula de su pensamiento*, dejará huellas y seguirá en busca de la plenitud que necesita, de esa reconciliación con sus visiones. Y advertía que ya no se trataba de una cuestión de género literario sino de actitud o, en todo caso, de lenguaje, al proclamar: *"la poesía no rimará más la acción: estará antes que ella"*. Estaba asegurando la creación de un lenguaje universal, donde el poeta sería un multiplicador de progreso, ¿videncia?, ¿Habrá llegado ese tiempo? El tiempo magnífico de la siega y del progreso. La mies es mucha y los obreros son pocos, oren al amo de la mies (la poesía) que envíe más trabajadores. Que vengan otros, muchos otros para dar continuidad, para seguir el cultivo de su propia alma y para rescatar al hombre de tanta ignorancia. En espera de ese tiempo, el poeta siempre está en la escalada, en su lucha feroz con el ángel, siempre insistiendo para conseguir la bendición final; aún en su cojera, seguirá la fe sosteniéndolo, con su fervor definitivo. La palabra nos acerca a lo eternal, derramándose como una anunciación de victoria, es lo que vence, con su descenso, y ha conseguido inmortalidad. El poeta, que es un ser efímero, se enfrenta a lo eterno que es la poesía, y resulta que es un eslabón imprescindible para revelar su presencia. La poesía adsorbe la existencia de ese ser vivo capaz de captarla y trasmitirla. El poeta repite las palabras mágicas, para abrir paso y enseñar el gran tesoro de la poesía.

Existían dos especies de poetas para Oscar Wilde, los primeros que aportan las preguntas, y los otros, los que traen las respuestas. Wilde hace una clara división, decía además, que los menos comprendidos eran los poetas que preguntan, porque estaban llegando siempre tarde. Yo creo con total validez en esa poesía indagatoria e interrogante; pero creo también que lo que nos llevará a la felicidad no serán las preguntas sino las respuestas, las que hayamos sido capaces de encontrar a lo largo del camino. Pero, ¿cómo saber si el que pregunta, es el mismo que el que responde? Siempre será atrayente la poesía del hallazgo, que avanza descubriendo, que revela. Sabemos que el poema sólo puede representar lo que ya existe, que el poeta ya sea *artifex*, alquimista o un pequeño dios, es el que resuelve todas las contradicciones y vuelve a representar la existencia desde su mirada y agudeza. Su grandeza estará en la cantidad de voces y en la multitud de radiaciones que incorpore en sus versos, los muchos que estarán en esa afluencia acompañando a su yo. Multiplicidad, concurrencia, lo germinativo está en la poesía y en el poema, cifra y armonía, lo innumerable, la enormidad, lo inaudito y desconocido, fundiéndose para permanecer. *"Una obra siempre está lejos de un fin"*, ese carácter perpetuador le imprime a la poesía un sello. Poesía es lo que se renueva.

El poeta padece una enfermedad, el incurable síndrome del poeta por así decirlo, que lo hace volver y volver a la escritura, estará pensando siempre en las palabras, él, el gran inconforme, volverá y volverá al verso como necesidad esencial. Poesía para tratar de encontrarnos, y en el silencio de esa proximidad brotan palabras a veces sin sentido, palabras llenas de universos. Palabras nuestras, las que se nos ofrecen, las que nos pertenecen ya de tanto usarlas son y se acomodan en el verso por impulso, las repetimos y se nos vuelven recurrentes. Ese sentido de pertenencia nos salva, somos fieles a ellas, y nos premian. Para el poeta las palabras son el maná bendito, él, estará buscando siempre las de la equivalencia, las del equilibrio, las palabras saludables, las que edifican, las más audaces y las que están en la sombra también. El poeta no desecha nada, le interesan todas las palabras, las que empobrecen y nos confinan a un espacio estrecho en el que apenas podemos movernos, las que nos fijan al suelo y las que nos hunden en el lodo, aún esas, las abismales palabras, las peores, no son capaces de ignorarlas. Otras, nos desarman y nos denudan frente a todos los hombres, pero el poeta anda despojado de pudor, se siente divino, nada parece tocarlo, todo parecerá estar alejado de él, que ama la perfección de las palabras aun con su limitado conocimiento, aun con sus pasiones y sus valores humanos.

Palabras, palabras descoloridas, llenas de encanto, inagotables, tremendas, traen las formas del amor y una continuidad. Traen lo invisible y lo ausente, llegan al poema desde el silencio. Ellas son esa luminosidad, son el fuego perpetuo de un Gehena que está siempre ardiendo y purifica. Nos hace poetas, la constante búsqueda de la palabra liberadora, el gusto por hallarla, por encontrar el verbo cercano al origen y a la verdad incontaminada, esa inconformidad nos enfrenta a la poesía. Hay que librar una ardua batalla contra lo sagrado donde mora la plenitud, contra esas otras realidades que desconocemos y con nuestra propia ignorancia. El poeta con la palabra, con su existencialidad humanamente dolorosa, busca vencer el tiempo y la muerte. Quiere quedarse, ama la permanencia, lo inmortal del verbo que trasciende, él también con su soplo vivifica, crea otro ser a su imagen y semejanza, crea y recrea además su propio paraíso individual restaurado. La poesía lo dignifica, jamaas lo daña, en ella no hay carencias, en su bondad nos acerca a lo sublime y a lo imperecedero. Como en el mito de Narciso, el poeta ama la contemplación, ama el reflejo, su propia imagen que es la imagen de la belleza, y va más allá del acto de mirar, el amor a la belleza lo hace vencer el temor a la muerte. El poeta busca perpetuarse en esa imagen que existe fuera de él y que es él mismo, no quiere separarse de esa visión, quiere integrarse a ella, en un conformismo, elige morir para dar continuidad a la belleza eterna. La poesía lo enfrenta a su yo, la belleza ya no es imagen, es cosa en sí misma; pero separada y distinta, y busca fundirse con ella aunque muera intentándolo La escritura es el acto de morir, muere el hombre para que subsista la imagen y como resultado final: el poema. La poesía siempre será un acto necesario. *Cítenme unos buenos versos que hayan arruinado a un editor–* decía Baudelaire–, y a los que se entregan o se han entregado a la poesía les aconsejó no abandonarla jamás. Concluye diciendo:

"Todo hombre sano puede pasarse dos días sin comer, sin poesía nunca. Pocas cosas en la vida serán tan importantes como la poesía, el solo hecho de que ella sea lo esencial, lo que nos acerca a lo perfecto y a lo sagrado, lo que nos ampara y nos alienta, ella es esperanza, nos convence que algún día podremos derrotar lo efímero. Poesía que se renueva, que es camino en esa búsqueda de la inmortalidad, que es un desahogo frente al dolor y la triste realidad humana. El mundo entra en la poesía con su desconcierto e inconformismo. No importa que necesite ser contemplada en su magnificencia, y que necesite del ser para materializarse, lo cierto es que el hombre tiene necesidad de ella para sobrevivir.

La poesía puede llenar lo irracional de lucidez y puede devolver a la realidad ese carácter sobrenatural en un acto de restauración. Ella nos salva con ese anhelo de ilusión y libertad, nunca terminará y eso es una garantía de que siempre existirán poetas y lectores de poesía. Para aseverar la importancia del arte y de la poesía, me gustaría terminar con un pensamiento de Francis Ponge: *"Los poetas no son más que embajadores del mundo silencioso. Así balbucean, murmuran, se hunden en la noche del cosmos, hasta que finalmente se encuentran al nivel de las raíces donde se confundirán las cosas y las formulaciones. He aquí por qué la poesía tiene mucho más importancia que cualquier otro arte, que cualquier otra ciencia".*

Un poeta llamado Adonis

Así sea la poesía un viaje a los confines del exterior o hasta lo más íntimo del interior, he vivido en ella, –escribe Adonis –, y le creemos, para vivir en ella es necesario estar correctamente dispuesto, ser un adiestrado, y no todos tienen el privilegio de entender, percibir y escuchar su verdad, la poesía escoge quien será vocero, anunciador de ese reino exclusivo para unos pocos. Adonis es poeta por su manera de ver y de sentir, por su manera de comunicarse y comunicar el mundo, es uno que sobrevive escribiendo, su poesía conmueve, va desbordando hambre y deseo, que despierta por medio de reminiscencias y una sensibilidad singular a través de poemas que son islas cerradas donde late el misterio de lo sugerente y se logra esa plasticidad simbólica con la que nutre sus representaciones más íntimas. No siente que ha llegado tarde, escribe como si estuviera nombrando las cosas por primera vez, él, otro Adán, creando un lenguaje propio para revelar un nuevo orden desde la poesía. Voz auténtica la de Adonis, voz que somete la experiencia a una profunda elaboración de su mundo interior, el yo del poeta posee siempre una dignidad esencial, tanto en el plano verbal, como en el de la emocionalidad, por eso su poesía aproxima. Se ha creado un universo desde la realidad y como él lo ve, es su universo de soledades, de angustias, y alegrías, son sus diálogos con el mundo circundante, una renovada contemplación que se torna inagotable, y por ello vivificante y deslumbradora. Una poesía llena de contrastes, de contradicciones y opuestos, en ella los antagonismos imprescindibles: principio y fin, el bien y el mal, éxtasis y movimiento, vida y muerte; pero en ella, los conceptos de luz y oscuridad no siempre estarán enfrentados, para Adonis la oscuridad es tan ineludible como la luz; porque si la luz es necesaria para contemplar la belleza, la oscuridad lo es, para revelar al hombre, nos dice: *No existe una claridad suficiente para borrar la oscuridad en el hombre y en las cosas. Si la claridad se volviera dueña del mundo, se alteraría la vida, y se desharía la poesía*. Equivalencia, interrelación, un lenguaje que se reinventa para recoger la materia reunida imperecedera de la luz y la oscuridad recíproca que hay en el ser, y ambas necesarias para que exista la poesía.

No hay límite en mí, nos dice y esta aseveración, es una revelación inequívoca de las fuerzas creadoras de sus textos, versos que parten de la autosuficiencia, donde no falta la exaltación del ego que va anulando la fe. Sus lecturas de la realidad muchas veces, dejan al hombre huérfano y desamparado sobre la tierra; pero a la vez, su obra es un monumento de plenitud y esplendor en la riqueza de su diversidad y en la hondura de su visión. Adonis es un trasgresor, un inconforme, quiere volver a fundar al mundo desde la poesía. Siempre frente a lo humano, frente a la naturaleza, interrogando y siendo interrogado, vislumbra su herencia, el dolor encarnado como dice el texto bíblico, de una *"humanidad que sigue gimiendo hasta hoy y estando en dolor justamente hasta ahora". Él, como un sacerdote agobiado de lenguas remotísimas abriendo sus campos de palabras y llevando en los ojos la escritura.* Su poesía nos conduce a la experiencia más alta, la del conocimiento de lo que ha vivido en el espíritu, y sus versos nos llevan a los mejores instantes de la poesía.

En Adonis encontramos, ese diálogo múltiple donde está el contexto cultural actual y el anterior. Es un poeta de resistencia, resiste la violencia de la circunstancias, y crea otra circunstancia explicativa y amena. Todo llenando su cosmos, el entramado de la poesía con una vastedad de imágenes visuales y un surtidor de símbolos inagotables. Adonis afirmaría: *La poesía completa al hombre, no es para nada su imagen. No me resultaba difícil crear una armonía entre el mundo y yo, pero tuve siempre la mirada fija en el abismo que se sitúa entre nosotros. Así, no he escrito poesía con intención de llenar este abismo, sino para deambular dentro de él y explorarlo. Aunque mi objetivo sea la búsqueda del sentido, o de un sentido, adivino que mi identidad no se finca en lo estable, sino en lo variable. Siento que estoy del lado del viento y del oleaje.* Y nos invita a entrar en ese viento, en toda esa tempestad de la imagen, asociada al ritmo convulso de su tiempo, las imágenes como un medio de percibir realidades espirituales, son, –se nos ha dicho–: *lo que devuelve una cosa a su origen, a su arquetipo, a su realidad verdadera.* Hay que leerlo, es un poeta esencial, su poesía tiene una dimensión superior y trascendente. Estamos ante un escritor de verdadera talla creadora, la calidad y autenticidad de su poesía se explica por sí sola, quedamos perplejos ante una poética como la suya, lo que siempre ocurre cuando estamos ante una poesía de aperturas hacia lo insondable.

II. Adonis

Según Rimbaud, el poeta como vidente es el que es capaz de situarse en las diversas perspectivas que la realidad ofrece y lograr el acceso al conocimiento que es exclusivo de unos pocos. En Adonis se ha señalado que lo que de él más interesa es: *"esa manera unitaria en que el ver se realiza, esa momentaneidad limpia en que se capta el constante decurso de las cosas"*. La visión plena, la agonía del poeta que percibe y padece la descomposición de un mundo y prevé otro. Su poética es la del acontecer, decisivo para el hombre, donde es tan necesaria la restauración del orden y la belleza. Yo diría que la lección mayor de esta poética es revelar el sentido tumultuoso de la realidad y el eminente progreso a la desintegración, la visión participante nunca alejada de la sentencia que vive el drama humano. Su lenguaje es el del hombre común, pero su carga semántica y de intenciones abren la poesía a una posibilidad de intelección, lleva lo íntimo y lo árabe a un plano universal. Es nuestro, aprende, e interpreta el mundo y lo propone desde la realidad y como él la ve, tanto el lenguaje como la afectividad hace que lo sintamos cerca, cerca y nuestro como Rimbaud, como Baudelaire, como Mallarmé y Valéry, tan cerca y nuestro como Catulo, Villón, Heine o Safo, porque Adonis viene a entregarnos la experiencia de una tradición rica y refinada que aprende el espíritu de renovación en la línea de Whitman:

Yo estoy aquí
las flores acopiando
excitando los árboles
extendiendo los cielos como pórticos
y amo,

vivo
y nazco
en mis palabras.
Yo estoy aquí
juntando mariposas
bajo el limpio dosel de la mañana
recogiendo los frutos.
compartiendo la noche con la lluvia
en el mar,
en la nube y sus campanas
Aquí estoy
acarreando,
 anclando las estrellas.
alzándome a mí mismo
en monarca del tiempo.

Esto es lo que consigue el poeta, –una participación–, esa posibilidad que va más allá de los límites temporales de la existencia, en él, la esencia y virtud de una poesía que anuncia, junto a una conciencia de continuidad en la tradición, cuya originalidad está en la construcción de lo que narra sin pretender el regreso al tiempo primigenio; pero que desde allí germina, desde allí retorna. Es esta, una poesía de aperturas, en ella, lo insigne, la fuerza de sugerencia que escapa a toda visión estéril, en ella, lo iluminado e iluminador. Donde la palabra no es el centro de la percepción estética, sino la imagen. Aquí no se vive en el lirismo de la ensoñación, su poesía indaga y recrea los tiempos recientes o más próximos, el texto como conocimiento de lo desconocido se inserta, para revelar su ser en el mundo. El hacerse a sí mismo, ignorando la conciencia de la inmensidad, y gracias a su circunstancia; la que el mismo describe al decir: *yo habito la visión,* nos ha enseñado que la vida no es sólo la imagen de la realidad, y aunque en ocasiones nos convence de nuestra impotencia y de que estamos solos y desamparados como Odiseo *viviendo en una tierra sin retorno, en una tierra sin tiempo,* también desde la desesperanza el poeta nos anima y nos alienta.

No falta la exaltación de la imagen del hombre que alaba la perfecta batalla, el diálogo con la naturaleza que lo trasciende. Indaga, *nada tiene el poeta más que el verso y una sangre joven que corre con los cielos y la tierra.* Ofrece una celebración a la memoria, la memoria ejecutante en su dimensión temporal presente, con una poesía esencial, de avance, de resistencia y tenacidad, que anuncia lo que ha de venir. En el discurso de la vida está también la rememoración a ese vacío que es la existencia, la impotencia que es la muerte. Tras la mirada del poeta, el frío yacer, el silencio, el presente sin vida, y el recuerdo del padre que murió *cual las nubes en agraz y con el rostro cual vela desplegada...* encontramos el recuerdo familiar siempre abierto a la tristeza:

Hay un puente de llanto
que camina conmigo,
y que, bajo mis párpados se rompe
En mi piel de cerámica,
un jinete infantil
que anuda sus caballos
Con los cables del viento,
las sombras de los ramos,
y que con voz profética nos canta
¡Oh vientos!
¡Oh niñez!

*¡Largos puentes de llantos
tras los párpados, rotos!*

El poeta quiere revelar con avidez su propio centro, para encontrar lo disperso y lo agónico, el desamparo, la soledad íntima que sólo puede ser disimulada en la convivencia enmascarada. En el poema: Sin que me vean tus ojos, está la soledad del poeta, anunciada de manera rebelde:

*No me han visto tus ojos
Tan virgen
Como el agua creadora de la linfa
No me han visto
Lentamente
Viniendo
Desde allá
En medio del cortejo de holocaustos
Con el rayo y la hierba entre los pies
Y mañana....
Mañana
En el fuego y la dulce primavera
Sabrás que voy matando la manada
Que transporto la semilla.
Y en mí crecerán tus ojos
Mañana
sí mañana*

Adonis entiende la poesía como creación y ella es su manera de actuar en el mundo. En especial el tono conversacional de sus textos y la imagen del hombre contemporáneo que recrea, esa forma peculiar de escritura, en la que los símbolos, la ordenación del pensamiento, las emociones, han sido primordial para hallar la poesía del ser. La palabra poética indaga en lo conocido, quiere explorar en la profunda oscuridad del hombre, sus manifestaciones y trascendencias vitales. Fuertemente influido por las vanguardias, tan importantes en su formación y en su escritura, una tradición que conforma su ámbito espiritual y su evolución creadora. Una escritura que parece estar liberada de una preocupación artística descriptiva, lleva en sí una extrema tensión que vincula la poesía a la palabra. Poesía de conceptos, intelectiva, podemos ver y palpar, sentir la emoción nacida de la virtud creadora. No necesita la metáfora convencional para revelar el mundo, basta una simple enumeración, una simple ruptura. En Adonis ese viento subversivo que impulsa la expresión, la desesperanza, la falta de fe, y de sentido, para lleva al seno de la poesía su mirada propia personal. Su discurso como el del libro de Job, sus palabras sobre el destino del hombre *"nacido de mujer, de vida corta y harto de agitación"*; pero donde la idea de Dios está fusionada con la esencia del hombre, y asumida con ironía. Refleja Adonis la pérdida de valores religiosos tradicionales, también como Nietzsche, Baudelaire, y Rimbaud es heredero del pensamiento romántico, como en todos ellos, la negación para afirmar; como en ellos, el rechazo de los valores, para proponer valores propios y distintos, como en todos ellos, descubro una antisociabilidad que tiene un propósito eminentemente social:

Mi rostro sobre el vidrio de la lámpara /Mi mapa es una tierra sin creador /La negación de todo mi evangelio.

"La muerte de dios" anunciada por los profetas modernos del ateísmo, ha saturado la poesía; pero lo que en Adonis se niega es el rechazo a la espiritualidad, porque hay necesidad de un nuevo Dios, un Dios que salve del horror y la hipocresía, un nuevo Dios

que no separe ni divida, sino que una y reconcilie, aunque diga: *Al Dios enflaquecido lavaremos con la sangre del rayo.... Hilos sutiles tenderemos entre el largo camino y nuestro párpado, la imagen incompleta del mañana.* Un mañana que es anuncio, anuncio que revela: *Tal vez en el terror y en la ruina, en la desesperanza y en la estepa, de mis entrañas surja el nuevo Dios.*

El aislamiento obligatorio a que lo somete la poesía, lo lleva a crear un universo particular, el cultivo de sí mismo, como el supremo contestatario: *¡Cuántas veces recé al señor obstinado, y a los frutos ¡Cuántas veces nutrí con mis ojos el hambre de los árboles¡ ¡Y cuántas caminé por mis pestañas rotas¡ A un encuentro. A un abrazo pagano. Yo, Dios, el día en ruinas.* El poeta inmóvil, mudo, en perpetua vigilancia, distante de Dios y de cualquier redención, en el centro de la visión, ya no como quién contempla el suceder. Él, el que padece la ausencia, él, el que sufre en la noche y la soledad, el que siente que todo es silencio: *No hay palabra. Como si fueras humo, como si fueras días, tu piel está cayendo en un lugar y tú en otro quedándote.* El poeta como protagonista, en el texto la presencia del poeta, la presencia levemente angustiosa que vuelve en el verso una y otra vez en diálogo con el entorno, con la memoria, y con su destino final. Un mundo que se integra inconscientemente en la multiplicidad de su ser. Un universo y luego la visión sin límite, la realidad incontaminada para seguir el rastro de la vida. Luz y oscuridad son más que símbolos para narrar lo indefenso del hombre y a la vez su alcance. El poema se convierte en diálogo descifrador de la vida, en testimonio del suceder y la búsqueda. No hay la placidez en las visiones, el placer es fugaz, es apenas un destello. Es la lluvia, o el amanecer, es lo bello, pero es imposible la alabanza por el arduo batallar de las circunstancias, el hombre enfrentado a sus preguntas, a los temores que lo acompañan y sus obsesiones. Irse y regresar, el viaje como alternativa, el retorno siempre, el volver eterno al punto de partida. Cuando todo parece desmoronarse quedan las imágenes, *en un mundo que viste el rostro de la muerte.* Imágenes liberándolo de la pesada carga, *para enterrar el día asesinado y vestir los vientos del desastre, el mañana donde agitaremos nuevamente las palmas de las manos.* Adonis no es el poeta de la desesperanza, desde el dolor hay un reclamo a las más poderosas fuerzas del hombre, a su condición terrestre, amén de lo que digan sus textos en una primera lectura sus textos, son una exhortación a rescatar la esperanza.

Avanza en un clima de nueva escritura interrogándose, *trayendo, una limpia canción para la herida.* Su patria personal, tierra de redención, es más que un símil, o una metáfora. En su obra persiste el vínculo consiente con su raza, su ideario nómada: *la tierra como lecho, la tierra que es esposa, una tierra que se alza y traiciona,* –nos dice–: *una tierra en mis venas espiada.*

Estos sus elementos definidores: la desolación, la conciencia de la muerte, la cotidianidad, cierto tono coloquial, la fuerza en las imágenes con las que logra expresar la incomprendida realidad. Poder de síntesis con la seguridad de quién conquista la imagen poética. La palabra que sugiere, deshecha los adjetivos, es poesía del verbo, del sustantivo, despojada de adorno, sencillez que no renuncia a la profundidad, en ella lo ingenuo y lo maldito, simplicidad y elegancia para declarar su mundo más cercano. Ese es el hallazgo, la saturación que nos empuja a los días nuevos, su fascinación por declarar lo universal desde lo íntimo. Deja fuera lo racional y diurno para acentuar la soledad: *Grito para estar cierto, de que me encuentro solo las tinieblas y yo.* Velas que se apagan, el poeta ama la oscuridad que resplandece ante la palabra desnuda: *él prefiere quedarse en la penumbra, quedarse en el secreto de las cosas,* es la intimidad del yo fundiéndose con el entorno, *–en la transferencia de las cosas– transportando la punta del día, los años que se aceleran con el feto virginal.* Su poética es a veces reflexiva, filosófica, su fuerza renovadora está en consonancia con la percepción de una estructura convencional que es preciso anular en busca de otras relaciones, la realidad alcanza una jerarquía. *Vive, conduciendo los años a la espera de un barco que abrace la existencia, que se hunda en el vacío. Igual que si soñara, igual que si marchara sin retorno...* Asediado escribe, *sabiendo que no queda luz sobre los párpados, que nada, ya poseen, el sentido del polvo solamente.* Escribe, *y se sienta a la espera de su olvidada cita.* El poeta frente a un mundo donde encontramos lo imperecedero, sus imágenes deterioro son también a un mismo tiempo imágenes de resistencia. Inmemoriales y permanentes. Una obra de angustia y a la vez llena de expectación, lúcida y auténtica en la intensidad de la palabra que siempre nos acompaña. Partidario también como los poetas de los que se ha dado a llamar: *"poesía de la existencia"* como en las obras de Rilke y Celán, en su obra, encontramos esa melancolía jubilosa y casi triste. Reconoce que el hombre es un estado continuo de ausencia, la angustia ante la existencia privada de razón, nos define profundamente, la ineptitud para tolerar sus condiciones, el horror de la condición carnal, la rebelión alcanzando universalidad, nos convence de que siempre hay algo que hacer, que siempre hay algo que merece ser defendido, y ya no es un individuo en su lucha: son todos los hombres. Pero hay inseguridad, sea o no sea el acontecer inmediato del poeta, quiere rescatar sus memorias, su identidad, escribe con claridad una lírica personal cargada de recuerdos, donde el hombre siempre estará entrando en una angustiosa penumbra:

Deseo arrodillarme
quiero rezarle al búho de alas rotas
A la braza
A los vientos,
Al planeta en los cielos detenidos
A la muerte
A la peste
Quemar en el incienso
mis días blancos,
mis cantos,
mi cuaderno.
La tinta y el tintero
Rezar a cualquier cosa
Que ignoré que es rezar.

Valorémonos la hondura de sus significaciones, encontraremos ese deleite que une en sus textos, belleza y angustias. El estremecimiento de lo que el poeta ha visto en sus meditaciones, quedará como un ejemplo de la posibilidad de las palabras y de la sensibilidad de la razón. Nos deleita la visión de la realidad y sus más perdurables estados emocionales. Para Adonis: *Escribir poesía es dedicarse a decir una "cosa", y esta "cosa" en árabe es el abismo y lo invisible. Si la poesía tiene algún poder para fundar, funda aquí la presencia de lo invisible. La escritura, en árabe, sólo enseña que la patria no es un lugar, que no se sitúa en ninguna parte. Enseña que ella misma es la patria. A mí me enseñó cómo poder decir: mi cuerpo es mi país.*

El poeta celebra, acumula para describir, sabe el misterio de la insinuación, la certidumbre de las profecías, con palabras nuestras, invita, donde el sentido de lo universal prevalece. Dice lo que ve y recuerda, no sermonea, se desborda, muestra toda la potencia de un lenguaje que escoge sus palabras y sus silencios. Sabe que en la poesía se encuentra la inmortalidad, en ella no hay seres finitos. Llena de tiempo y paisajes de luz, él quiere permanecer allí, en esa emocionante cercanía a la divinidad, que aunque no sabe que es, acepta el reto de ir en pos de lo desconocido. Sabe que la poesía siempre tendrá la última palabra, y que tiene mucho que decirnos:

Te invito,
mis días están sin centinela y esta distancia vacía
es un banquete para el sueño,
una fiesta de la nostalgia por sus fructíferos árboles.
Te invito a que vengas,
el mástil de las tristezas es alto.
Quizá si reposaras, si te inclinaras cual rama en sus vientos ocultos, el aguamanil sería elegía o flor
 y el té fuente.
Te invito a que escuches este eco que nos llega con la hierba ebria.

La poesía es riesgo y peligro, y es también un espacio lleno de sucesos, de muerte y armonías, de demasiada eternidad. Celebremos la poesía que hace posible el encuentro con este escritor excepcional, que va escribiendo la certidumbre, que sigue en escalada renovando el lenguaje y la vida.

En un montón de perros apagados

> *Porque te has muerto para siempre, como todos los muertos de la Tierra, como todos los muertos que se olvidan en un montón de perros apagados.*
> Federico García Lorca.

Buscar al que alucina y se agota en tanta infinitud y desborde, el que unge el nuevo canto para que despertemos en la primera mañana del mundo. El que nos acompañará en la marcha hacia el progreso y hacia la reconciliación con las palabras. Y lo seguimos en esa multitud, entre la muerte y la ausencia, entre el recuerdo y el deseo. Porque la muerte llega y el deseo también llega, insondable como la luz, a saturar nuestra amargura, a completar lo terrible del vértigo y la espera. Porque todo es ausencia, un develamiento de la soledad en su ruido. Entonces nos salvará la búsqueda, encontrar al otro, ese que persigue las sombras las delicadas *criaturas del aire, los pájaros que pueden entre ser rocas blancas con ayuda de la luna, pero que son siempre muchachos heridos... Y no es el pájaro el que expresa la turbia fiebre de la laguna, ni el ansia de asesinato que nos oprime cada momento, ni el metálico rumor del suicidio que nos acompaña cada mañana. Es una cápsula de aire donde nos duele todo el mundo*; porque si de un lado está la eternidad, lo abierto, el verde renovado y místico de la luz, la nitidez gloriosa de los ángeles *ascendiendo, lo crepuscular llenándose de pájaros en sus vuelos alegres;* del otro lado está la nostalgia más cercana al abismo. El rojo y negro infinito de las fábulas que trizan el corazón, ese otro horizonte donde tiene lugar el recogimiento de lo infernal y el desarreglo del hombre en su espeluznante herida.

¡Qué serafín de llamas busco!... ¡que flecha aguda exprime de

la rosa su palabra! Habrá que seguirlo ceremonial en el vivazeflejo de la luna, la luna sin establo donde crepitan los insectos solos, la luna que es un guante de humo, que incendia los cañaverales y deja un rastro vivo. Buscarlo en el bullicio de las ciudades que no duermen, bajo los puentes donde se sientan los mendigos, *en los velorios, en el llanto que sube de la herida y de la ausencia más atroz. Buscarlo en los gemidos de todas las parturientas, en lo que no nace y se desangra como un sol en su propio celaje, los que mueren de parto y saben que, en la última hora, todo rumor será piedra y toda huella latido.* Habrá que buscarlo en el aire, *en su cacería, bajo el inocente color de la pólvora y los crepúsculos, en la rima dolorosa de* la nieve que viaja dentro de la brasa, en los sitios de todos los gitanos, en el cante jondo y la danza. *Buscarlo en las bodas con* prisa porque no hay quien reparta el pan y el vino. Seguirlo por los andamios de los arrabales y por las graderías. Tras las *largas caravanas que se pierden en el punzón oscuro de las aguas. Tras las neblinas sonoras de los cementerios, en la estremecida violeta sangrante de la noche final. Por las plazas por donde se pierde, el espacio vivo de ese loco unísón de la luz, que bulle en el desembarcadero de la sangre. Plaza de cielo extraño, donde los peces agonizan dentro de los troncos, y se hunde esa frente donde los sueños gimen, sin tener agua curva ni cipreses helados, y los musgos y la hierba abren con dedos seguros la flor de su calavera.*

Buscar hasta encontrar al niño, al niño y su agonía, con la ciudad dormida en la garganta y dos verdes lluvias enlazadas. Al niño que se pierde en la noche sin canto de los peces y en la maleza blanca del humo congelado. Habrá que perseguirlo hasta la sangre. La sangre que pasa por paisajes hidráulicos, que va desde las máquinas hasta las cataratas, y del espíritu hasta la lengua de la cobra.

Buscarlo en sus lunas gloriosas, entre hierros y duendes, tras el agua abismada de todos los silencios. Allí donde se pierde el amor, *el amor que está en las carnes desgarradas por la sed, en la choza diminuta que lucha contra la inundación.* En los fosos donde *las sierpes del hambre dejan su oscurísimo beso punzante debajo de las almohadas.*
Habrá que perseguirlo dentro de todas las blancuras y los silencios, en los herbazales nocturnos, entre los minerales lluviosos de todas las soledades. Vigilar con él, los interminables *trenes que pasan bajo los escombros de todas las estaciones. El triste mar que mece los cadáveres de las gaviotas, y esos barcos que buscan ser mirados para poder hundirse tranquilamente.* Sitios abandonados *donde solo encuentro: marineros echados sobre las barandillas y las pequeñas criaturas del cielo enterradas bajo la nieve, paisajes llenos de sepulcros que producen fresquísimas manzanas, para que venga la luz desmedida y venga también, un silencio que no tenga, trajes rotos y cáscaras y llanto.* Habrá que juntar los puñales, el temblor de los verdes girasoles, las noches en su verbena sagrada, para encontrarlo infeliz y diminuto, incólume, ensimismado en la rima gloriosa, en el desorden del verso que crece sonoro, rítmico. Vedlo inalcanzable y nuestro en cada línea, puro y nuestro, salvado en esa libertad que es el recuerdo. Habrá que buscar para encontrarlo en ese único espacio, donde late la vida, seguirle hasta perdernos con él, *en la quemadura que mantiene viva todas las cosas.* Seguirlo hasta derribar el muro que nos separa de los muertos.

Yo *dejo mi palabra en el aire*
Aproximación a la poesía de Dulce María Loynaz.

En el 2006, mientras recibía el diplomado Historia y práctica de la creación poética en el centro cultural Dulce María Loynaz, me sentí atraída a leer a esa gran poeta cubana que es Dulce María. Aquellas lecturas de poesía en el patio de lo que fuera su antigua casa del Vedado, las tertulias en las tardes, (*el Cántaro azul*) donde muchos nos iniciamos en el oficio de poetas y nos atrevíamos a leer nuestros primeros textos en público. Todo incentivó en mí un fuerte deseo por conocer la vida y la obra de aquella mujer. Y no es hasta hoy, muchos años después, que vuelvo acercarme a sus páginas para dejar mis impresiones desde la poesía. Acaso la más fuerte impresión de esas lecturas sea la manera como ella se fija en el ser que la lee, como nos compromete a ser testigos y cómplices, llevados por ese deleite de un ritmo y una lírica exquisitos. Una poética llena de aciertos y permanencias. Una poesía a la que hay que volver, no sólo porque su verso nos trae algo de eternidad como dijera Eliseo Diego, y eso ya es bastante, ni porque en ella se reúnan todas las cosas, más de las que podemos ver, oír o palpar. Es también por la manera, esa manera única en que su poesía excava nuevas aperturas hacia lo espiritual. *Y es que ella ha creado el tiempo del jardín*, como dijera Lezama: *porque en su poesía toda la vida acude como un cristal que envuelve a las cosas y las presiona y sacraliza*. Volver es aproximarnos a ese pensamiento inabarcable, a la riqueza de su cosmos, a esa poesía que busca y alcanza la plenitud. *Me quedé fuera del tiempo*, osa decirnos sin modestia, y como si pareciera una contradicción afirmaría después: *Yo me quedé en la vida.* Fuera del tiempo; pero en la vida. Lo paradójico en la Loynaz se proyecta, y es algo que se repite: *¡Cuántos pájaros ahogados en mi sangre, sin estrenar sus alas en el aire de Dios, sin acertar un hueco hacia la luz! ¡Qué ciega muerte la que llevo dentro, muertes mías y muertes ajenas, muertes de tantas vidas que me dieron y no pude nunca hacer vivir!*

¿Quién me necesita? ¿Quién me ha pedido? La poesía, ella misma se responde: *He venido por algo y por algo vivo.* Sabía que hay un sentido oculto en la entraña de todo, y que ese misterio sólo puede ser revelado por la poesía. En Dulce María es esa introspección única que se identifica con la espiritualidad. Los puntos suspensivos, sus guiones siempre llenos de espacios y jardines, de rosas y silencios. Todo acompañando su fiesta íntima, todo abierto a la belleza.

Es también ese deseo por saber el camino de la palabra que reconoce por gracia divina, cuando declara: *La palabra que me diste*, siempre en búsqueda de la palabra sencilla... *Y dime qué palabra se le dice a la hormiga, a la yerba del campo, al que está triste.... Una palabra, sólo una palabra: Y de pronto la vida se me llenó de luz... La palabra como la vasija vieja resquebrajada donde he de recoger el caldo ardiente de mi sueño... Yo dejo mi palabra en el aire, para que todos la vean, la palpen y la estrujen. Nada hay en ella que no sea yo misma, siempre en busca de esa libertad.* La palabra para alcanzar la libertad, la necesidad de adoctrinar con fórmulas poéticas a sus lectores, ella ostenta la facultad de renuncia, es capaz de olvidarse de sí para pensar en el otro, a diferencia de Whitman, no quiere ser el centro del mundo y consiente en la totalidad de todo lo que existe. Nada tiene mejor que su palabra, sabe que ella sobrevivirá aunque diga *que se queda en el aire como la paloma de Noé, que se va volando y nunca regresa,* es otra contradicción con la que juega a engañarnos, porque sabe muy bien que las palabras son existencia y que son también un modo del retorno.

Entrañablemente nuestra, no hay mejor título para catalogarla que el de *dama de la poesía cubana*. Maestra del buen gusto, en ella sobresale la elegancia de su expresión, sus poemas tienen la vibración y la fuerza esencial de la poesía. En ella el lenguaje se llena de esplendor; abunda lo solar, las sombras sólo duran un poco: son sólo un tránsito de una luz a otra luz, el suyo es un lenguaje desbordado de sobrerealidad, que viste con palabras iluminadoras. Una poética intelectiva y por lo demás sensorial, profundizada en sus observaciones, una poeta extraordinariamente lúcida, y con una visión enriquecedora del mundo. Ostenta una memoria abarcadora y una atención prodigiosa, donde todo lo que la rodea llega a ser materia prima, o sustancia para la poesía. Sumergidos en la totalidad de los símbolos, sus versos son un incomparable bálsamo, un sublime bruñidor para el espíritu. Sus palabras parecen repetir el mensaje de los Evangelios, sus versos en ocasiones llevan el tono y ritmo de algún versículo sagrado. Impresiona ese poder sobre lo muerto, esa manera de ordenar el mundo desde lo simple, la manera en que queda incólume, con esa serenidad que incorporada al reino de la poesía.

La poesía es el medio empleado para la purificación y goce de esa soledad que la acompaña, y para desarraigar la tristeza.

Sobre la utilidad de la poesía, ella misma contesta: *Si yo me viera obligada a decir que la poesía es algo, yo diría que la poesía es tránsito. No es por sí misma un fin o una meta sino sólo el tránsito a la verdad.* Y un tránsito a la verdad era su poesía, su honestidad y originalidad, le dan a su poesía la posibilidad de permanencia. En ese reposo sordo y obligado nos mantiene despiertos. *Una mano* —como dijera Eugenio Florit— *que no parece escribir versos, sino que con dedos de fantasma arranca gotas de música en el aire.* Ella es un agua llena de polifonías y arpegios, un agua *delgada y transparente, con sabor a milagro... como el agua recién nacida al toque de la vara de Moisés. Agua como sangre del alma* —nos dice— *yo la bebí muriendo y ya soy agua viva.* Jamás será agua muerta, porque un agua muerta está llena de silencios, jamás será un agua inmóvil o estancada y jamás será un légamo de cenizas y de estrellas apagadas, porque ella es luz, polvo de soles, *lleva la claridad prendida, abierta al viento que la hace danzar.*

Dulce nos deja conocer su mundo inmediato a través de la poesía, su tristeza serenísima, y sus obsesiones. Con un lenguaje transparente donde el yo poético se identifica con la autora y con su mundo. Un ejemplo es el poema en que nos dice: *Canto a la mujer estéril.* Ella *madre de nadie, estrella que en la estrella se consume, flor que en la flor se queda.* Hiere con su propio dolor, y testimonia el sentimiento íntimo. *¡Tú eres la flecha sola en el aire¡ Un agua que no se reproduce. Agua en reposo tú eres: agua yerta de estanque, gelatina sensible, talco herido de luz fugaz. Donde duerme un paisaje vago y desconocido; el paisaje que no hay que despertar...* Su poesía es también la flecha sola en el aire, pero a diferencia, va dejando huellas, sensaciones, emociones, y nos arrastra tras sí. Poesía es ese hijo que canta desde el sol. Ese hilo que no se cansa de desovillarse, que va deshilvanando su escritura, el verso lleno de sensibilidad para hacernos comprender lo sutil y tierno de la poesía, desde ese verso que se escribe con honradez y elegancia, hasta ese que en ocasiones sorprende con una sobriedad única. En su poesía todo puede ser dignificado. Después de decir que la mujer estéril *es la unidad perfecta que no necesita reproducirse, como no se reproduce el cielo, ni el viento, ni el mar.* Nos deja una maldición que es un poco su defensa desde la rebeldía:

Púdrale Dios la lengua al que la mueva contra ti; clave tieso a una pared el brazo que se atreva a señalarte; la mano obscura de cueva que eche una gota más de vinagre en tu sed! ... Los que quieren que sirvas para lo que sirven las demás mujeres, no saben que tú eres ¡Eva... Eva sin maldición! La poesía sirve para convertir lo imposible en realidad o para descubrir esas otras realidades desconocidas donde lo imposible sucede, allí donde no importa el tiempo y la ausencia. Poesía es esa energía capaz de movernos y de transformarlo todo, puede traer lo ausente, y hacer que un lenguaje críptico se vuelva luminoso. *La poesía que deja al hombre donde está no es poesía*, acertaba a decir la Loynaz. Poesía es ascenso hacia la claridad, hacia una nueva germinación. Luego lo explicaría ella misma: *La poesía tiene en verdad rango de milagro [...] Por la poesía damos el salto de la realidad visible a la invisible, el viaje alado y breve, capaz de salvar en su misma brevedad la distancia existente entre el mundo que nos rodea y el mundo que está más allá de nuestros cinco sentidos.* De ahí la idea de la muerte como perfección, como absoluto. Poesía de la posibilidad, de lo infinitamente posible, podemos verlo en *"Carta de amor al rey Tut-Ank-Amen"*, vemos esa manera como el verso llega a lo trascendente: *Si las gentes sensatas no se hubieran encolerizado, yo te habría sacado de tus cinco sarcófagos, te hubiera desatado las ligaduras que oprimían demasiado tu cuerpo endeble y te hubiera envuelto suavemente en mi chal de seda... Así te hubiera yo recostado sobre mi pecho, como un niño enfermo... Y como a un niño enfermo habría empezado a cantarte la más bella de mis canciones tropicales, el más dulce, el más breve de mis poemas.* Fiebre de lo imposible, esa necesidad de fabulación inherente en ella. Una memoria que es tiempo, ahora tiempo nuevo donde están sus criaturas poéticas gestándose, volviéndose reales. Espectadora de ese universo que construye cerrado, circular, donde desaparecen las nociones del tiempo y vivifica los espacios irracionales y absurdos. Ella desborda esos juegos imaginativos con imágenes que vienen de los sueños, o de los largos insomnios que acompañan su escritura. Es la autora reconsiderando en el verso siempre su propia existencia. Existencialismo que se expresa por medio del discernimiento, y del deseo que la poesía existe como única promesa de redención. En una carta a una amiga, Dulce María escribe:

No hay canto mejor que el que no se dice, no hay nota que sea más bella que ese guion negro que es signo de silencio en los pentagramas [...] Silencio, silencio... Sólo el silencio sugiere. Los demás hablamos o cantamos [...] pero sólo el silencio, sólo el silencio da derecho a esperar algo mejor... Quizás por esto me enamoré de Tut-Ank-Amen, amante sin palabras que no podrá contestar nunca mi carta, amante hierático, inmutable, ungido de ese extremo prestigio de la Muerte. Sí, yo amo a Tut-Ank-Amen porque tiene el prestigio de la muerte. Lo amo porque está muerto... Si lo viera sentarse sobre el último de sus sarcófagos, desatarse sus vendas de momia y salir a limpiarse el polvo de los siglos de las sandalias [...] dejaría en el acto de amarlo.

La muerte siempre ejerce esa fascinación, y es en lo desconocido donde mejor se da el verso y donde mejor fructifica su poesía. En el poema, *La novia de Lázaro*, vuelve a proyectar una continuación de sucesos que ella observa, el verso para unirse a lo que contempla. Hay un paisaje siempre abierto y su imaginario no hace separación de la realidad y lo irracional. El verso acopiándolo todo, lo fructífero y lo esencialmente sorpresivo; pero en toda su frustración hay siempre una amarga resignación solemne, ella divide el tiempo, se queda en ese otro espacio donde no hay nulidad, donde todo sucede. Resonancias, ecos, palabras que se inventa, palabras que son, que dan la ilusión de ser ciertas, aunque nunca fueron pronunciadas. Lo místico en Dulce María, va más allá del pensamiento religioso, se ha señalado que en estos temas es donde logra su más alta y acabada expresión. Ella renueva y nutre su misticismo poético con sus experiencias o pensamientos de sus lecturas de la biblia. Ese deseo de transgredir la muerte y extender la eternidad es humano; pero en contraposición ella prefiere el estado de la muerte, el prestigio de la muerte, porque ama lo muerto. Poesía es camino hacia el misterio y lo intangible.

Siempre lo antagónico en sus textos, en ese diálogo de lo efímero frente a la inmortalidad:

... tú estabas muerto y reposabas en tu propia muerte [...] En tanto yo seguía viva con unos ojos que querían taladrar tu tiniebla y unos huesos negados a tenderse y una carne mordida, asaeteada por ángeles negros rebelados contra Dios. ¡Tú estabas ...muerto y yo seguía viva [...] incapaz de morir o conmoverla! Conmover la muerte... Eso yo pretendía. Choque de tu presencia y mi recuerdo, de tu realidad y mi sueño, de tu nueva vida efímera y la otra que ya te había dado yo en él y donde tú flotabas perfecto, maravilloso, inmutable, rabiosamente defendido... Sí, yo soy la que ha muerto y no lo sabe nadie. Ve y dile al que pasó, que vuelva, que también me levante... Me eche a andar.

Su verso es sagaz, puntual, escribe una poética insondable y elocuente, llena de música y sol, de polen, de pájaros y zumbidos. Una poesía así, solo puede ser luz y orden, erudición, universalidad desmedida. Dulce lleva consigo esa noción del pensamiento como iluminación y sus razones eternas. Creación de un tiempo donde prevalece el corazón y el conocimiento junto al profundo significado de su mensaje, significado que encontramos en su total clarividencia que tiende a unir espíritu y religiosidad, para expresar ese itinerario del alma hacia Dios. Ahí donde se ha dicho reside lo más personal de su inteligencia, nos revela ese don de energía universal para juntar todas las cosas, las culturas, las razas, y a los hombres todos. La importancia que cobra lo sagrado en su espiritualidad y en su pensamiento, en la palabra y su permanencia. Se asienta el deseo de que lo irracional nos alcance, de que nos haga divinos, para construirnos otra vida o para alejar el tedio de esta vida que conocemos. En Dulce María, las rosas y los hombres, los astros y los robles, los cerezos y los jardines, castañeros, olmos, sauces, montañas, ríos, todo llenando las redes de la poesía, el raciocinio se fragmenta con la dinámica del pensamiento filosófico y se une al mito. Si en el cielo como en la tierra todo se vuelve signo, ella encuentra el modo para nombrar las cosas, extasiada nos regala lo que obtiene de la naturaleza y nos prepara para interpretar y recorrer todos los paisajes con su peculiar manera de ver y sentir, escribe el mundo desde su rincón porque la poesía es recuerdo, y está hecha de memorias, donde puede vivir un universo de figuraciones, y lo desconocido. En la poética de Dulce María Loynaz las cosas cobran vida, se transparentan contornos extáticos, ella descubre la armonía que es la poesía y todo ese ambiente que la rodea. Es una innovadora profunda que nos guía en la búsqueda constante de imágenes vivaces, una intérprete que deja su mirada, su manera de reaccionar ante lo real o lo irreal.

Ella posee además esa cultura para la poesía que mencionara Lezama. Con un ritmo acentuado y tan suyo que parece encontrar siempre la palabra justa, la imagen perfecta que parece dársele como ofrenda de dioses, que justifica ese lenguaje límpido, audaz, sereno, vivo. *Por el amor conoceremos al hombre,* —nos ha dicho— y agrega además, que el *amor es fruto y es signo, hierro candente que deja su marca en los que lo poseen,* una marca que ya no le permite esconderse. También por su poesía conocemos a Dulce María. *Amar lo amable no es amor* —lo sabe—, ella quiere besar la herida del leproso, disimular la repulsión instintiva hacia las cosas feas. Busca entender la armonía de lo *inarmonioso.* Desde el verso quiere acercarse a lo divino, al amor perfecto, pero sabemos que todo lo que se acerca a la divinidad corre el riesgo de quedar así, en oscuridad total, porque toda la luz gloriosa cuando es recibida de golpe, enceguece, y para Dulce, el peor de los castigos es no poder ver. La odiosa ceguera, la ceguera que vence, la misma que le robó versos al final de sus días, porque ya no se alimenta de palabras. Y *sin las palabras, todo el mar, el aire, los jardines, los pájaros, se hayan vuelto también de piedra gris, de cemento sin nombre. ¿Ya no habría días nunca más?...Tocaba la sombra como un ciego toca el rostro que quiere reconocer. Días sin palabras, donde el roce de una hoja pudo sonar mil veces... con una resonancia de tambores.* Dulce María establece un contraste entre el batallar de Jacob toda la noche con un ángel, con su condición; *pero yo* —nos dice— *he luchado toda una vida y aún no he visto el rostro del ángel ensangrentado que yace a mis plantas...* La poesía ha ido labrando ese carácter firme, llenándola de resistencia: *No he de caerme porque yo soy fuerte... con un poco de cal yo me compongo: con un poco de cal y de ternura.* Nos deja conocer sus miedos, sus últimas angustias, en su fascinante poema, *Últimos días de una casa, confiesa*:

Miedo de ese silencio, de esta calma, de estos papeles viejos que la brisa remueve vanamente en el jardín... Acomodar los muertos de cada día, otro día a pasado y nadie se me acerca. Me siento ya una casa enferma, una casa leprosa, que alguien venga a ordenar, a gritar, a cualquier cosa. Desesperanza: Ya no existe el vedado, como no existe Pompeya, ni Palmira, como no existe Machu Picchu. La que deshojaba crepúsculos igual que pétalos de rosas, se deshoja ahora en el silencio de la casa vacía. ¿Qué dejaré a la vida? ¿Qué llevaré a mi muerte?

Palabras. Como si en las palabras se encerrara el sentido último de su vida. Palabras en ese decursar sentencioso que siempre resplandece en sus textos. *En mi verso soy libre, dentro de él me levanto y soy yo misma...* Y así continúa, tejiendo versos, juntando palabras, destellos íntimos para ir completando su sagrario de versos. *¿Qué me queda por dar, si por dar doy... Si Dios no me sujeta o no me corta, las manos torpes —mi resurrección?* La historia de la poesía tiene en la Loynaz, una de las más grandes voces poéticas de todos los tiempos, basta leerla o acercarnos a su poesía para que retorne de la muerte como una hija pródiga. Ella vencedora en la palabra que vuelve, la palabra que vence, que sale de los infiernos y retorna justa, ingobernable, transparentada, inmortal. La palabra esparcida en el aire, tentándonos a que palpemos un poco de esa gloria, como un fruto al que podemos extraerle su infinita madurez, sabor y cubanía. Tocada por la muerte, ungida de ese extremo prestigio de la Muerte, ella, conmoviéndola al fin. En ese ser y en ese estar de la poesía que sobrevive, la palabra que pertenece al presente infinito —la palabra de Dulce María— *esa rosa larga que durará mañana y después de mañana.* La palabra que ruega con nosotros: Poesía para el único día nuestro.

Dame el sueño y yo empujaré el corazón recién reacio, la flor no despegada todavía de la raíz, la rosa de mañana.

Haberse muerto tanto y que la boca quiera vivir un poco todavía

Aproximación a Idea Vilariño.

Mi agradecimiento a Héctor Manuel Gutiérrez que me motivó a escribir este acercamiento a la poesía de Idea Vilariño.

A nosotros los poetas nos concierne mantenernos desnuda la frente, bajo las tempestades de Dios, –diría Nerval–. Somos a quienes nos atañen los sufrimientos, los imprevistos y todos los infortunios. Somos esa especie heroica encarnada en un sacerdocio que obliga y resiste; pero a veces cansa esa memoria del dolor, ese desamparo terriblemente nuestro, y es proeza entonces convertir el dolor en poesía, proeza narrar lo ausente, lo que vulnera el ser. Escribir el revés indeseado y terrible del amor que llega a ser herida. Aun así, Idea Vilariño cumple con el ideal de la poesía, la dignifica. Poesía que cumple la sentencia de Eduardo Galeano: *¿Para qué escribe uno si no es para juntar sus pedazos?*

Qué centro se vuelve su poesía para ahondar los viejos temas, como si la poeta quisiera narrar todo el dolor que puede haber en el mundo. Poesía descarnada, íntima, esencial y siempre intensa. Alteridad posible en su imposible, llena de contradicciones, de ascensos y descensos a su abismo personal. Lo disperso y lo agónico, el desabrigo, la soledad íntima que sólo puede ser encubierta en la convivencia disimulada. Como toda gran poesía, esta narra y da forma a lo que no tiene voz. Una poética que parece estar siempre enfrentándonos a esa conciencia del desamparo: *Todo crucificado y corrompido /y podrido hasta el tuétano /todo desvencijado impuro y a pedazos.*

Nombrar alcanza –nos dice–y nombra con un rigor y una sencillez que es médula del ímpetu más extremo. Esta poesía es una palabra de semilla abierta a la intemperie, que resiste el fuego de los ardientes soles de la cotidianidad: sufrimiento, incredulidad, desesperanza. En ella lo invariable, esa resignación solemne que justifica el no ser, es no, en su aseveración esencial. *Un no que da pujanza al sí, contra la interinidad de la vida*. La negación como razón de vida, esa rotundidad sistemática que acompañará sus obsesiones.

Se ha dicho que Vilariño *erotiza lo inimaginable*: el dolor y la ausencia. Si en su poesía el dolor es lo fecundo e inagotable, la ausencia es lo que acentúa el sentimiento de pérdida; pero es donde también laten con vida propia todos los recuerdos. Sentimientos tan negativos son llevados a la sublimidad. *La poesía es la conciencia más fiel de las contradicciones humanas,* –explicaría María Zambrano– *porque es el misterio de la lucidez, del que acepta la realidad tal y como se da en el primer encuentro. Y la acepta sin ignorancia, con el conocimiento de su trágica dualidad y de su aniquilamiento final*. La sabiduría está en entender y aceptar quienes somos. Idea Vilariño sabe quién es y lo que espera de la vida. No está rota, y si se fragmenta, se vuelve a encolar con la palabra. Es múltiple y una misma, ella es todas las que sufren y soportan. Ella, incólume en la brutal intimidad del silencio, burlándolo, trayendo una melodía distinta, una resonancia que lleva la *destreza y el frenesí del tango*. "*El ritmo es fundamental en todo hecho poético. Un poema es un franco hecho sonoro– sonidos, timbres, estructuras, ritmos– o no es*" expresaría Idea. Conocedora, uno advierte el ritmo y la cadencia tan particular en su poesía, donde cada sonido y cada silencio suenan como una disolución íntima, que une placer y dolor. *Aquí todo tiembla*, todo coincide para mostrarnos un absoluto: sentir las cosas es mejor que poseerlas. No importa si es breve el tiempo de compartir, no importa que las flores devoren hasta el aire del sueño, no importa la esperanza. Ella pacientemente espera, siempre esperando entre la ausencia y la escritura, entre los signos de la muerte y la imagen redentora. Y es siempre el amor, el amor recobrado que vence la soledad. Para Vilariño, Amar es siempre perder, pero es también ganarlo todo. Aquí es donde se junta lo sublime a la poesía. Amor y poesía juntándose en esa visión cerrada y sin espacio que llega a ser la soledad. Lo divino e inagotable, lo imperecedero solo puede ser expresado por el lenguaje de la poesía. Para Vilariño el amor tiene ese amargo sabor comparable a la muerte, porque al final los dos se asemejan no sólo en infinitud y eternidad, sino también en su insaciable apetencia y disolución. Como si el amor fuera un estado de la muerte. *El amor es honda mentira*, y es también ausencia... *Qué me importa el amor...* para ella existe solo como tiempo interior y del deseo, donde el ser amado es presencia, una presencia que siempre está yéndose. *El amor dónde estuvo, cómo era, porque entre tantas noches nunca hubo nunca una noche, un amor, un amor, una noche de amor, una palabra... Los animales del amor tienen prohibido llorar* —nos dice—. *El amor es lo desatado, un pájaro que gorjea a su oído, que hiere y destroza, lleno todo de paz, lleno todo de guerra, lleno todo del odio del amor / Y me pide y le pido y me vence y lo venzo y me acaba y lo acabo. Contradicción, en estos* juegos de palabras, en esas imágenes encontramos la batalla, –por un lado el desapego, lo triste de la espera, y el abandono, y por otro la posibilidad de una plenitud anhelada–. Imágenes que tratan de explicar o engañarnos, *el amor... ah, qué rosa, qué rosa verdadera...* No te *amaba, no te amo... pero te amo, te amo esta tarde, hoy.* En el prólogo del libro, "Vuelo ciego", diría muy bien Rosario Peyrou la poesía de Idea: *"El suyo es un erotismo lleno de delicadeza que sin embargo no teme usar imágenes fuertes, audaces, palabras nunca antes usadas en el lenguaje amoroso femenino. Y justamente son esas palabras tan cuidadosamente elegidas las que transmiten esa impresión de verdad, de ausencia, de afeites que deja su poesía"*. Porque es la suya una poesía confesional, biográfica, la poeta entrega su yo a la escritura. Poesía que reconcilia lo particular e individual con la conciencia colectiva, qué desborde de mundo se conviete una habitación, ella, despojada de fórmulas, juega con las palabras, logra comunicarnos la conmoción de su mundo interior. *Sólo la palabra sucia de pasión sabe vivir, puede vivir.* Se va el verso a la franqueza de lo vivido convertido en imagen, son las imágenes del silencio, imágenes reveladoras de zozobra que nos entregan el trascendentalismo que nutre su poesía, donde se encierra el drama de la pérdida y lo irrecuperable del amor. Y seguimos llevados por esa chispa cálida del verso que se vuelve ruego:

Te estoy llamando
con la voz
con el cuerpo
con la vida
con todo lo que tengo
y que no tengo
con desesperación
con sed
con llanto
como si fueras aire
y yo me ahogara
como si fueras luz
y me muriera.

Desde una noche ciega
desde el olvido
desde horas cerradas
en lo solo
sin lágrimas ni amor
te estoy llamando
como a la muerte amor
como a la muerte.

Es mucha la fuerza de estos poemas, absorta hallamos a la poeta en ese indiferencia de su mundo circundante, un ser que se deshace y se reconstruye desde sí mismo. Ahí está, escribiendo la nostalgia, la tristeza en su orden aparente, la soledad que es la única certeza. Ahí está en fin, escribiendo el sinsentido de la vida, la ausencia que parece ser parte integral de su destino y la muerte como una gran metáfora de vida. Esa suficiencia en ella que puede prescindir de casi todas las cosas hasta del amor; pero jamás de la poesía. Esa conciencia de libertad que solo encuentra en la palabra, o en el poema. La indiferencia como una virtud liberadora, el yo poético con un protagonismo único. Una poesía que se carga de introspección, textos elaborados con una sobrecarga de malestar e impotencia, de agobio por la conciencia del límite. Vivencias y frustrados anhelos, una conciencia lúcida que quiere narrarnos todo el horror de la existencia. Estamos en presencia siempre de una perplejidad, de una angustiosa amargura que definirá su poesía. Entregada a ese suplicio heroico y de resistencia que es la continuidad, ella, la que resiste, la que soporta las embestidas y tempestades con esa lucidez iluminadora no importa cuánto se adentre al vacío. *Día a día me miro, te miro y me hace gracia, y pienso abrir el gas y siempre lo postergo,* el suicidio es sólo una idea, un pensamiento con el que convive, a diferencia de la poeta Sylvia Plast, que no pudo evitar o impedir que esa inconformidad o desasosiego prolongado terminaran destruyéndola, Vilariño triunfa viviendo en esa muerte de todos los días, aunque diga: *qué asco, qué vergüenza, este animal ansioso apegado a la vida*. Soporta desde lo irreductible de la poesía todo el sufrimiento sin desmoronarse. Escribe la tristeza, en esa relación cercana al odio, escribe sin arrepentimiento: *Los ojos sólo ven lluvia sobre ceniza*. La soledad como una *sopa amarga* para abrir su horrible náusea, su dolorosa insoportable náusea, la soledad que *es otra forma del morir, que es muerte*.

Buscar que las cosas no mueran es tentativa de la poesía, ella es permanecía y quiere dejar memoria; por eso siempre estará trayendo el recuerdo al presente infinito. Poesía es lo sublime en ese estar contra la nada, lo que nos ayuda a olvidar. No el olvido armónico, sino un enajenamiento incomprensible que hace algo distinto del recuerdo. Nos ayuda a sobrevivir, a sobreponernos a las circunstancias con una sobriedad insospechada.

"*Haberse muerto tanto y que la boca/quiera vivir un poco todavía*. Hay algo peor que la muerte para Vilariño, y es la espera, la larga espera, vivir sin ruidos. Quedarse en el silencio de las cosas, hasta que todo sea un silencio sordo y demorado, hasta que todo se confunda con esa enajenación que hace el olvido. Su poesía posee una tensión, la conciencia trágica y totalizadora de lo inexplicable. *Morirse o no morirse...moviendo adiós...apenas el pobre corazón como un pañuelo*. Una angustia a la que ella no quiere o no puede renunciar porque le es indispensable y tan suya como si fuera ya una parte de su cuerpo.

Quiero morir. No muero.
No me muero. Tal vez
tantos, tantos derrumbes, tantas muertes, tal vez,

tanto olvido, rechazos,
tantos dioses que huyeron con palabras queridas
no me dejan morir definitivamente.

Vivir no es otra cosa que arder en preguntas, –diría con verdad Antonin Artaud–. *¿Y qué soy, qué soy en la tarde sin fin?* La poeta se siente perpleja ante sus propias sensaciones, inmersa en lo abrumador del sentimiento, en esa asfixia creciente que es el silencio. Un silencio que puede rápidamente disiparse en la memoria de la fugacidad y precariedad de las cosas.

Imágenes reiteradas que no dejan de aparecer una y otra vez junto a la pesantez agobiante de un destino trágico. Amurallada en esa oquedad devorante, atribulada frente al día, frente la noche, acertando lo inevitable, interrogándose.

Cuándo yo estrella fría
y no flor en un ramo de colores
Y cuando ya mi vida,
mi ardua vida,
en soledad
como una lenta gota
queriendo caer siempre
y siempre sostenida
cargándose, llenándose
de sí misma, temblando,
apurando su brillo
y su retorno al río.
Ya sin temblor ni luz
cayendo oscuramente.

En esta poesía entramos y hay comunión. Todo se torna espera, palabra, urgencia. Idea Vilariño nos deja un gesto ansioso y desesperado, un eco rayando las distancias de la poesía con esa visión ordenada de su caos íntimo, minusvalía, impotencia:

Dónde encontrarme y quién
soy de noche en mi casa
con los ojos cerrados
o cuando va a sonar la hora de la muerte
y me quedo sin voz enterrada en mi aire
invulnerable y ciega.

La poesía es lo que busca entre tierras pesadas y asfixiantes, ese etéreo pájaro de luz que se queda ardiendo en los espacios habituales, en el entorno inmediato de *ella para revelarnos el ser en su sentido más absoluto. Pura, de nadie* –nos declara– absorta en *su propio callado desapegado abismo, hundida en el silencio, alcanzando la plena cerrada noche humana…donde se queda sola, ensimismada, sola, vacía, en paz de nadie*. Entre lilas, jazmines, violetas, desolación, decepciones, fatigas, cansancio, mucho cansancio. A la poeta la invade a veces una nostalgia de la vida, la vida perdida que recupera en ese acierto luminoso del verso, ella hace poesía con el dolor, lleva su vida a la literatura y viceversa; pero se anda sin pudor, no le importa mostrarse, ni mostrar el hallazgo de la intimidad en ese juego sutil de las palabras. Hay en ese temblor austero de su poesía una serenidad, un pulso contenido, y una fina línea de belleza estridente. Ella escribe y agrega paz y resignación al tremendismo del desamor, dibuja en el verso *las últimas volutas de una espiral terrible*. Va quemando los candores íntimos, y va entregándole a la poesía su más alto linaje personal. Sol, amor, azucenas dilatadas, algas marinas, ramas rubias sensibles y tiernas como cuerpos. Nos entrega un cieno relampagueante, una inusitada intensidad que hace algo distinto de la muerte, una hora absoluta, una puerta sin par; *el solo paraíso*. Escribe enajenada en ese desborde de aniquilación; pero al mismo tiempo construye imágenes de resistencia, inmemoriales y permanentes.

Vilariño tiene control sobre la palabra que no dice. ¡Con qué pocas palabras nos revela su vida! Su poesía recoge ese tiempo colmado frente a lo inestable del pensamiento. Sus poemas no tienen pretensiones de hacernos reflexionar, ellos expresan una prolongación, son el testimonio de quien ha llegado al conocimiento de sí y de una realidad desde la palabra: médula de su insaciable desazón existencial. Poeta del abismo: *los abismos me nombran*. A veces contradictoria; pero siempre lúcida, mostrándonos esa otra cara de la sombra, la lobreguez que hay en todas las claridades, la fría y escasa luz que péndula en el fondo del precipicio.

Si muriera esta noche
si pudiera morir
si me muriera
si este coito feroz}
interminable
peleado y sin clemencia
abrazo sin piedad
beso sin tregua
alcanzara su colmo
y se aflojara
si ahora mismo
si ahora
entornando los ojos me muriera
sintiera que ya está

que ya el afán cesó
y la luz ya no fuera un haz de espadas
y el aire ya no fuera un haz de espadas
y el dolor de los otros y el amor y vivir
y todo ya no fuera un haz de espadas
y acabara conmigo
para mí
para siempre
y que ya no doliera
y que ya no doliera.

Poesía es lo próximo y es también un reino. Es salvación cuando impide que el individuo perezca en ese caos de desolación y ruina que es la existencia, cuando puede redimirnos de tanta angustia y puede ayudarnos a sobrevivir toda la ausencia. La poesía es redención si crea una imagen de nosotros mismos que revele nuestro destino y a un mismo tiempo conforme un espacio de libertad. Idea Vilariño dijo: *"el tango es inmensamente triste" y esa belleza triste es la que se encuentra en sus textos"* afirmaría Enrique Estrázulas. Una belleza estremecida de tristezas. Una poesía que sacude con su única manera de decir la realidad. Desvalida, siempre apasionada se nos muestra la poeta. Poesía en diálogo abriéndonos esa espiral cerrada del desamor, donde vamos golpeados por un destino fatal e inevitable:

Aquel amor
aquel que tomé
con la punta de los dedos
que dejé
que olvidé
aquel amor
ahora en unas líneas que se caen de un cajón

*está ahí
sigue estando
sigue diciéndome
está doliendo
está todavía sangrando.*

Toda su poesía será un intento por dejar una huella de inconformismo. *Quisiera estar dormida entre la tierra / no dormida / estar muerta y sin palabras / no estar muerta / no estar / eso quisiera / más que llegar a casa,* escribe en su poema *Volver*, con ese acento directo e imprecatorio y ese equilibrio entre realidad y palabra, con esa manera tan suya de narrar que logra una proximidad casi íntima con el lector. En *Quiénes son*, otro texto sentido leemos: */Qué camada de muertos para el suelo que pisan/ /qué tierra entre la tierra mañana/ /y hoy en mí/ qué fantasmas de tierra obligando mi amor...*

*Son éstos y no otros
de antes de después
frutos de muerte son
sin remedio sin falta
irremisiblemente
antes o después
muertos
tan fugazmente cálidos alentando y erguidos
y amando
por qué no
amando sin pavor
sin conjugarse nunca
la otra alma el otro cuerpo
la otra efímera vida.*

Poesía de la contrariedad, poesía del no, del quizás, del ya no, del nunca, del poco o nada, del menos que es más. La que odia y consiente, la de todos y de nadie... *Decir no, decir no, atarme al mástil pero deseando que el viento lo voltee... diciendo no no no, pero siguiéndola.* Poesía del adiós, y adiós es una palabra que repite, *adiós, adiós, adiós, como si este adiós fuera el último atardecer del mundo.* Arduos amores y despedidas continuas van haciendo esta poesía, también una simulación que apenas si logra ocultar un estado depresivo y anheloso.

Hago muecas a veces
para no poner cara de tristeza
para olvidarme
amor
para ahuyentar mis duros
mis crueles pensamientos.
Cómo he de hacer
amor
para vivir aún
para sufrir aún
este verano.
Pesa mucho
me pesa como si el mar pesara
con su bloque tremendo
sobre mi espalda
me hunde
en la más negra tierra del dolor
y me deja
ahí deshecha
amor
sola ahí

tu abandono.

Ahí está su impronta nihilista acompañando ese desencanto y apatía que se volvía a ratos su vida. Una vida que nadie puede vivir por ella; pero que se siente incapaz de cambiar. En ocasiones como si la poeta no quisiera mostrar otra cosa que esos vacíos que nos aterran, y vamos entre la palabra

Y el desaliento bordeando ese abismo que es vivir sin esperanza.

No hay ninguna esperanza
de que todo se arregle
de que ceda el dolor
y el mundo se organice.
No hay que confiar en que
la vida ordene sus
caóticas instancias
sus ademanes ciegos.
No habrá un final feliz.

En ese juego frívolo, una niña, un relámpago blanco y silencioso, *y yo me quede sin nombre y sin mí* –nos dice–. Versos donde se abren su luz cereza y estiércol, versos *donde siempre estará faltando la honda mentira, el siempre*. Poesía es ella… y son los otros, él, tú y son ellos, *los muertos solos arropados de amor, de penas que están muriéndose en nosotros por siempre.*

La de Idea Vilariño es una poética enérgica e interrogativa, construida con recursos verbales concisos, donde lo insondable en ocasiones se expresa a través de un lenguaje muchas veces sencillo y coloquial. Sus poemas breves llevan la fuerza y el tono de los poemas de Emily Dikinson. Poesía que se llena de silencios para entonces revelarnos lo que no dicen las palabras. Poemas con una admirable contención expresiva. *"Cómo acepta la falta / de savia / de perfume / de agua / de aire. / Cómo". "Si te murieras tú / y se murieran ellos / y me muriera yo / y el perro / qué limpieza"...Quiénes somos / qué pasa / qué extraña historia es esta / por qué la soportamos / si es a nuestra costa / por qué nos soportamos / por qué hacemos el juego. / Inútil decir más. / Nombrar alcanza.* A Idea le alcanzaba la palabra y la soledad para nombrar. Pero esa soledad tan necesaria para escribir a veces se vuelve un terrible padecimiento. Su soledad anhelada en un momento de su vida comenzó a dañarla. *Como un disco acabado / que gira y gira y gira / ya sin música / empecinado y mudo / y olvidado. / Bueno / así.* Una vida llena de rigor e intolerancia, de intensidad, rebeldía, autenticidad y valor. Valor de no querer engañarse nunca, de quien no espera nada y soporta todo más allá del dolor, más allá de sí misma. Ella ese liviano pájaro de luz que se nos escapa en un gemido, la que escribe en la lengua de todos los días, allí entre las rosas y debajo del árbol de magnolias. *Luz, temblor, maravilla que ya no es...como un techo divino vivo y muerto.* Leer su poesía, es una experiencia única y perdurable. Poesía in tensa, austera, sobria, tersa, que se va siempre por los extremos, pero ceñida por una trascendental exigencia. Una urgencia, una poesía que pulsa y distingue en lo muerto el esplendor de la vida aunque diga: *la vida es una lanza quebrada.*

La lectura de sus poemas satisface y asiente la aseveración de que Vilariño *es una de las voces más contundentes y discretamente bellas* de la poesía contemporánea. Una poesía que insiste en la dialéctica entre ausencia y memoria. Poesía que es sentimiento, que es música, y es *esa rosa abriéndose en el aire, esa rosa abriéndose en el agua. Que invade en las horas amarillas* y deja una sed doblada, *un ramo de flores oscuras, un ramo de lilas y un jazmín sediento*. Idea Vilariño nos deja su palabra y prodigios, un desplome de prodigios para conmover la poesía y conmovernos.

Hasta que el tiempo pare de llorar

Aproximación a la poesía de Dariel Fonseca Interián.

Hasta que el tiempo pare de llorar, un libro de poesía que recoge poemas de la infancia y la adolescencia de este joven autor. Algunos poemas comenzaron a escribirse tan solo con la edad de diez años, en el principio todo empezó como un juego, juntando palabras al azar, dictando metáforas que se iban armando en su cabeza con tanta rapidez que apenas podía escribirlas. Estaba convencida de que ese instinto precoz de ordenar las palabras y formar imágenes, de que ese primer contacto con la poesía, daría frutos y el resultado es este libro.
Sorprendiéndome entonces, esa voz madura que comienza en sus primeros versos a tocar el tema de la muerte, esa insistencia por descubrir el sentido oculto de las palabras, como si un vacío lo habitara, un tiempo fragmentado donde él es el perseguido, asediado y acusado por las imágenes que lo atormentan, mientras da fe de una sensibilidad abierta al dolor y al sufrimiento. La angustia comenzará a traducirse de inmediato como vemos en este poema que escribe con doce años de edad:

El silencio
entre paredes frías
siente las nubes de barro.
En la esquina de la vieja casa
abandonada.
Nadie.
Solo espíritus de color azul
solo yo veo al niño sin rostro

cortado por la burbuja de tristeza.
El desplome de la cuchara sobre el plato.

Las telarañas que esperan
desde el milenio.
El huérfano
vigilado por las voces
me persigue.
Alguien
el perro florido
de imaginación violenta.

Huidobro sostenía, que los verdaderos poemas son incendios, y es que alguna llama tiene que arder, alguna combustión alquímica tiene que suceder para crear algo distinto, además de provocar en nosotros un algo indescifrable que quede sonando. Y aquí están estas imágenes que revelan la vena infinitamente triste de este niño poeta. Porque hay seres que nacen abrazados a la melancolía, y no son dejados por ella. *Los que van sin esperanza,* —en el decir de Antonio Gamoneda— *los que ven entrar la sombra en la nieve, y hervir la niebla en la ciudad profunda y nos conducen aun con manos heridas.*
"Todo empezó como un estudio, escribiendo silencios, noches, anotaba lo inexpresable, fijaba vértigos" —Diría Rimbaud en *La Alquimia del verbo*. En Dariel también como en Rimbaud, la rebeldía, los infiernos, el yo que es otro, el otro que es, el que aproxima una daga a su garganta, como en Rimbaud, el intento por encontrar lo nuevo, como si el mundo como es no bastara. Hay que cambiar la vida, emprender un viaje a lo desconocido, comenzar la ascensión, escalar esa pura e incesante novedad que parece encandilar al que escribe. *Los*

no perdonados infiernos nos guiarán —nos dice Dariel—, *Estúpido pensar /que trato de explicar algo. /Siempre están de más las palabras escritas. /Son tatuajes de ese infierno de ideas insalvables.*

Similitudes que fijan vértigos, mientras se persigue la sombra y la podredumbre con ojos de niño, todo ese intento de hacerse vidente por medio de un largo desarreglo de todos

los sentidos. Solo la poesía puede dar esa ilusión de que se ha vivido mucho, y solo un poeta verdadero puede hacernos *sentir, palpar escuchar sus invenciones.*

Poesía es la piedra angular para la edificación del ser que se busca a sí mismo. Por eso toda revelación poética implica una búsqueda interior. La poesía viene desde adentro, para expresar los alrededores de la circunstancias. Aquí la idea Lezamiana de la circunstancia acompañando esa representación permanente del ser que busca revelarse. El hombre añadiéndose a la poesía, y con él, todo lo demás.

Poesía para alcanzar la verdad, versos que llevan el latido y la sangre caliente recién estrenada, voz que cercena la carne madura de la poesía, que queda vibrando en lo que calla, en lo que no dice. Poesía confesional, límpida, transparentada, recogiendo las semillas del ser y aventándolas, presenta un tono de angustia y desconcierto de quien va en ese vislumbre único de las formas. Imágenes que traen, además, el poder eficaz y enérgico de la palabra poética, y muestran el poderío del verso contra las fuerzas míseras que envilecen la existencia. La poesía como entidad salvadora, como credo, en ese debate diario contra la muerte. *Cuando ya no quieres vivir,* escribir seguirá siendo la mejor manera de sobreponernos, el arte es terapéutico, y nos da cierto poder, la escritura servirá para sobrelleva las cargas, la angustia

existencial y las ansiedades de la vida. El poeta escogerá entonces, ocultarse en la imaginación o en el *"sitio"* de los sueños.
Explicar tras ese tiempo aspirado /las palabras de las palabras /esa caja sin fondo que es la realidad. En el alucinante despertar de las palabras, mientras se violenta esa serenidad de la edad para nombrar la belleza y para sepultar la luz en el mismo paisaje de la muerte.
Un decir que va desde lo finito a lo insondable, y desde el silencio al ser. Un intento de quien busca aprenderse. De quien encuentra otra forma de mirar e interpretar la realidad.

En esa búsqueda de nuevas aperturas para narrar su experiencia poética, hace de las cosas corrientes un símbolo, un algo más. Hacedor de un camino que nos lleva a las entrañas de su yo único. Con un lenguaje de precisión para declarar la sabiduría del verso que va sorprendiendo al que escribe, la sencilla esplendidez de quien contempla la luz y es golpeado por ese derroche de visiones demoledoras. Dariel bebe de la entraña íntima de la poesía, ese bautismo sonoro del verso, versos que abren un cúmulo de eternas muertes.
Amo la luz como amo la muerte… La luz la descubrí con un grito de hombre muerto. Todo oscila y confluye entre luz y muerte, la muerte como oscuridad, la muerte que es lo contrario de la luz. Ambas son imperecederas para él, que se siente atraído hacia esas dos fuerzas atronadoras que dominan el vacío y todas las realidades. Luz y muerte, muerte como contraposición, como sombra, ausencia, en el sentido de no revelar más que silencios e imposibilidades, esos espacios que obstruyen o entorpecen la visión. Y la luz, la claridad, lo benigno y conciliador, donde van despertando y manifestándose todas las cosas.
Y ama la soledad, *la soledad que nos deshace piedra a piedra. La fiel soledad de ilusiones perfumadas… Sentado en el silencio*

sin pedir ayuda /para ver como abren /las voces de mi interior. Alguien canta en el lugar donde se forma el silencio, —Decía Pizarnik— y es en esa soledad purificadora donde nacen las palabras. La palabra poblando todos los limbos de la existencia. La que mueve y ordena el sentimiento o las alucinaciones. El poeta sabe que hay movimiento en los silencios, puede desentrañarlos como nadie, sacarle música, ritmo y color; pero la poesía no tolera siempre los silencios aunque nazca allí, ella lleva la esencia de los ritmos, ama el ruido magnánimo, la música alada en su perfecta armonía. Ella la gran reveladora, la gran rebelde, seguirá en su fuerza múltiple, en su exceso de deslumbramiento y avance.

La voz de este libro, junto a los silencios que lo acompañan, en diálogo con la vida misma, la vida descarnada que no escogemos y que nos va moldeando a su antojo. Voz de este tiempo que en ocasiones parece dejar a un lado la poesía para seguir el diálogo coloquial de la improvisación, y desde la espontaneidad, seguir el ritmo convulso y sardónico del *Rap* o del *Hip-hop,* para dejar una agresiva y desconcertada protesta ante la conciencia de desolación sin límites, sin horizontes, ni esperanza. La desolación física y anímica; la angustia del espíritu y la incomunicación. Presente la vigilia del aislamiento, frente a sus anhelos de comprender y de incorporarse.

Poesía para nombrar lo indecible, lo inexpresable. Páginas que revelan su aguda sensibilidad para narrar la época turbulenta que le ha tocado vivir, colmada de dolorosas transiciones y llena de violencia. Su poesía da prueba de una autenticidad porque es testimonio vivo, el poeta nos deja su mirada inquisitiva, sus percepciones y su manera de interpretar la vida.

Entre sombras y silencios, entre arrepentimientos y culpas van haciéndose estos versos. Simulación, enmascaramiento, *f*rustraciones, escepticismo, rechazo, el poeta angustiado ante el vacío y la ausencia. Debilidades y contradicciones, acompañan un lenguaje que parece estar condenado a la precariedad, que se reinventa para recoger toda la luz y las oscuridades que nos habitan. *Desaparece este cuerpo. /Borrones/ Leerme causa pánico... Es una mezcla infernal el aire y el silencio/toda esa oscuridad donde me escondo.*

Él, el que se oculta en las palabras, en ese deslumbre único de las formas para quedar expuesto, son las imágenes que recogen el anticlímax angustioso, la batalla del poeta que intenta revelar su centro. Se escribe la amargura, la aterradora amargura que domina el espíritu, y que va devastándolo. Imágenes del deterioro, el poeta alcanzado por la plaga eterna, sobrecogido por el insondable éxtasis de tiempo sucesivo, él, el que sufre ese contagio irremediable, comprende que está herido, y deja al denudo lo más descarnado de su yo. Él también ha ascendido a los infiernos, tocado por la depravación y por el vicio, por el desarreglo profundo de la náusea arrasadora, para aspirar a la aceptación que empobrecen el ser, para entregarnos otra forma de conocimiento, o para decir con aguzada ironía: No acertar el demonio/conociendo el mal. Poesía como juego, el lenguaje como ese calidoscopio abierto despertando la memoria, la videncia, el gesto para penetrar la mente del suicida y encontrar al otro.

Hablo con ese que se parece a mí/es él quien escribe/escribe lo que solo él sabe. El otro, es el que escribe y reflexiona, el que se hace vidente, prosigue la idea anticipada de Nerval cuando declara: *"el hombre es doble"* y como anotaría magistralmente en sus versos después, *"suele en el ser más mísero reinar un dios oculto... que medra un espíritu puro...* En Dariel cobra vida la expresión vigorosa de una realidad interna: *Yo doy vida al oxígeno,* nos dice como si todas esas aprehensiones del mundo objetivo y físico se enriquecieran en él

Detenido en el tiempo por no saber avanzar la luz se acerca. Conformismo... *Escribo en el aire donde gasto tiempo edificando/ Pero todo llega en su estación.* Desesperanza... Se oye el final. */Nos han dado una hora que no llega a tiempo. Y soy otro disfraz/otro futuro... Poesías para dictar el fin. /Una rutina que poblé de energía. Es tiempo de volver sobre los muertos...* Su verso un pulso que mide el latido y las fiebres, que revela lo próximo, la fascinación momentánea sentida ante la claridad del hallazgo. Para Saramago reconocer que somos más que esto que se presenta como realidad, sigue siendo el mayor deslumbramiento. El poeta alucinado por lo que observa. La claridad es siempre una invitación al éxtasis, a estar despiertos enajenados, en ese trazo de ternura de la primera luz, y vamos extasiados en la contemplación; pero si las sombras traen oscuridades, la luz traerá siempre los recuerdos.

Porque estarán las nostalgias, ellas son el hombre, la consciencia de que hemos vivido, las que darán fe de nuestra existencia. ¿Y qué es un niño ante el tiempo? ¿Qué es el ser ante tanta infinitud y desborde? Porque lo ignoramos todo, ignoramos las lluvias que pueden florecernos, y nos resguardamos en falsos mitos y pudores, estallidos, ecos que se cruzan en esta edad sin nombre de la sombra. *Porque nos mata la gloria, y no perdona la forma parecida, el desencuentro que es el silencio.* Dariel desde la inconformidad nos habla. *Callar lo lejos /respeto excedido y acosado por varias personalidades/* y entre esas voces que fatigan, entre las voces que lo desalientan, está la voz de la muerte. *La muerte no se calla*, la voz de la muerte llenando los silencios, su canto hipnótico alcanzando al oyente. *Como un hilo cae la muerte /incendia...* En este libro poesía y muerte se

corresponden. *Porque por encima de la existencia está la muerte: lo que nos separa.* —Revela Hanni Ossott, para seguir diciendo: *el poeta ha aprendido de ella y le otorga su voz. Con filigranas teje su propio sudario y el sudario de los hombres, que no es otra cosa que la pasión por la vida, lo incomprensible.*
Pero, ¿Quién sigue la danza atroz del tiempo sonámbulo? ¿Quién va en rebelión permanente en busca de una redención? Tiempo y muerte, dos medidas inalcanzables, que se manifiestan más allá de lo externo y juntadas en la monotonía del decursar infinito. En este libro muerte y tiempo entran en relación onírica, poética, aquí el tiempo es diferente al tiempo real, más que transcurrir se centra en el instante, un fragmento que no por ser fragmento está incompleto, por el contrario, aquí el instante es una totalidad en toda su extensión. El lenguaje poético puede expresar —lo que ocurre o mejor, lo que es— en la intemporalidad, en el aquí y ahora, en esa realidad inaprensible que llamamos presente.

Sólo yo tengo la clave de este desfile salvaje, la cita que escoge de Arthur Rimbaud, para mostrar la autosuficiencia del que escribe, el yo, solo, desprovisto de todos los yoes de la existencia. *No todos sobreviven a ese hueco de palabras infieles. Algunos /no pueden darle sentido /a ese vacío que es morir /a esa meta de desorden equivocado. No quiero un fin, yo solo soy una palabra acompañado por Dios. Hasta no poder con las palabras inentendibles... Silencios/suertes afiladas... No más orar al viento. Demonios amados por pasiones callarán estas palabras.* "Muerte y vida" —parafraseando el texto sagrado— están en el poder de las palabras. Ellas llevan todo el peso de las significaciones, esa carga de revelaciones, siempre dicen todo y algo más. Si las palabras sirven para ocultarnos, servirán también para encontrarnos, en ella están los secretos de nuestra esencia, revelarán lo que somos, lo que pensamos, en ellas nuestras lecturas, diálogos, meditaciones, pasiones, y hasta nuestras obsesiones más recónditas, como en casi todos los poetas, en Dariel está el deseo de liberar a la palabras y despojarlas de todo significado.

Palabras hacen el odio/ Palabras, ellas entienden /siempre han estado ahí /en ese parpadear /para justificar cementerios. /Ese mundo de /sombra donde caemos... Repetidas palabras /hospedadas /en ese sonido sordo de la claridad. Palabras que ordenan y destruyen /La más libre imagen de un mundo mejor. La poesía puede ser otra forma de vivir o de morir. Puede arrastrarnos en esa neurosis o (esquizofrenia) de la escritura, tan destructiva. El poeta en ocasiones busca salirse, embridar esas fuerzas, el caos destructor que arrastra y nos deja cercano a un estado de locura, quiere callarse ante esa intensidad vital y abrumadora. La poesía puede quedar encerrada en esa lluvia lacónica e infiel de quien la niega y no manifestarse; pero cuando es ella quien nos escoge ya es imposible entonces ocultarla, se vuelve grito, sangre, voz. Su forma es tan avasalladora que no podemos contenerla, estalla, revienta en nuestra sangre, y aun cuando decimos, *no haré mención de ella*, es un fuego que consume. Hay que escribirla, porque se nos sale por los poros, por los ojos, por las voces, hay que llevarla a todas partes porque no hay modo de ocultarla, ni forma de sacar esa maldición atronadoramente bendita que nos posee, *y ya no quieres parar de leer los signos del abismo* —nos ha dicho el poeta—, un ser atrapado, que apenas puede salirse de sí mismo, hay que escribir entonces, para otra vez volver a lo desconocido, para acceder a las nuevas realidades, en ese acercamiento a las agua curativas de la poesía, para beber y contemplarse, contemplar al hombre en su celebración íntima, en su atrayente universo hecho de fragmentos y abismos, de iluminaciones y descensos.

Hay que Borrar el silencio para encontrar la esperanza, –nos dice–, y este verso suena como una profecía clarividente y certera, la esperanza nos salva de la duda y de cualquier hundimiento, si es cierto que no se puede vivir como si la belleza no existiera, como acertara a decir Luis Rius; también es cierto que tampoco se puede vivir sin esperanza.

Dariel tiene dieciocho años ahora, espero que éste no sea su último libro y que a diferencia de Rimbaud jamás deserte de la poesía, lo he publicado esperando que encuentre esa satisfacción de ver su obra impresa y se estimule a seguir dejando una novela íntima de tanta hondura. Que esas imágenes: *del niño cortado por la burbuja de tristeza, y el rocío que envenena los pájaros en el último arrullo, el perro florido de imaginación violenta*, entren en la poesía para siempre, junto a esas *nubes de tiempos imposibles. Y sigo en el tiempo hasta que el tiempo pare de llorar*, el mismo título expresa el anhelo de continuidad, él, el que se queda, el que espera a que llegue un tiempo mejor, ese tiempo donde terminará el llanto. Hay una invitación aquí a encontrar en la poesía lo que no está en ninguna parte, el sitio donde la vida permanece a pesar de tanta incertidumbre y duelo, de tanto vacío y desolación.

Creo que toda poesía es una protesta contra la muerte. Seguirá siendo un acto de rebelión contra nuestro destino fatal. Escribir es otra victoria, desecha nuestra condición fatídica de condenación. La escritura es otro modo de resistir y otro intento de permanencia. Para John Berger *la poesía es certeza, para él una promesa que se aplica al presente y al pasado, así como al futuro, solo podía ser una verdad.*

La poesía no es un sentimiento, sino un estado; no es un entender sino un ser. —según Cesare Pavese. Entendiéndolo así, poesía es un ser, un horizonte, la patria personal donde se funda el ser. En ese ser, en ese estar, innegablemente el poeta podrá contemplar su eternidad.

Poesía un temblor, un silencio de lluvia, luz, luces, un racimo de agua roja esparciendo sus semillas. Poesía para seguir *el vuelo de esos pájaros de alas suaves y visión repetida, ese largo rocío inmortal, la vieja rima que acaba en un color inesperado,* todo un surtidor, brotes y ausencias, garra y gemido, silencios, vértigos llenando su irrealidad verdadera. Sigamos esas certezas que van hacia esa verdad absoluta en su creciente inmortalidad. La poesía está más allá del tiempo, ella no se alimenta del azar, ni escribe destinos, su esencia siempre será permanecer.

Atráeme Contigo. Apunte preliminar

En el principio fue el amor, el amor como la fuerza creadora de todo lo que existe, la gran metáfora de todo, el mismo y viejo génesis repitiéndose, después fue la poesía. Amor y poesía completándose, juntándose, trayendo la palabra a esa totalidad. El amor que revela y nombra nos conducirá a lo eterno en su vivo ritual, es la sustancia viva para dar nuevas formas y hacer que las cosas signifiquen, crea y recrea su propio lenguaje donde podemos reconocernos o descubrir al otro. Poesía como instrumento para narrar la vida, es el reino necesario que irá acomodándonos en ese equilibrio de luces y promesas, es lo completo donde está la esencia de la vida y de la eternidad.

La humanidad entera sigue gimiendo y estando en dolor justamente hasta ahora... Su propia carne mientras esté en ellos seguirá doliendo —sentencia Job—. Necesitamos consuelo, todo es distancia, una distancia irremediable. Las palabras sirven de alimento, son el maná necesario para poder resistir en tanto desierto y abandono. Hay necesidad de lo bello, de fortalecer el espíritu con cosas extraordinarias que nos concilien y liberen; pero no podemos resistir sin esperanza. La esperanza es lo que nos ayuda aguantar y la poesía nos da esa expectativa. Poesía como esperanza: la que no se conforma ni acepta las penurias y monstruosidades de la existencia.

Poesía que incita a la esperanza, eso es *Atráeme contigo*, lo que une el amor a la poesía. Nada es complicado ni contradictorio en este libro; el amor es rutina y es lo imprescindible, no hay otra manera de ver el mundo. Donde fidelidad es sinónimo de dignidad, porque si la poesía es lo que dignifica al hombre, el *amor es su mayor esencia y le confiere ese sentido único y poderoso que jamás divide.*

Atráeme contigo es un homenaje a ese canto superlativo que es Cantar de los cantares. Un discurso que enaltece la interioridad del ser y festeja el amor que todo lo cree y todo lo soporta. Dos voces cantan al unísono, una mancuerna para declarar el sentimiento desde lo impar, desde la individualidad. Dos miradas idílicas en un mismo y único paisaje, dos que van complementándose en un mismo discurso.

En *Atráeme*, el amor carnal tiene una significación sagrada. Dios nos hizo hombres, y el acto amoroso no es solo para concebir como en los animales. Somos seres creados para el amor. El amor es lo que reconcilia todas las cosas con Dios y entre sí, en él están todos los secretos y todas las esencias verdaderas, jamás será un tema agotado. Nada que se diga de él será definitivo. Lo liberado de la muerte es el amor, lo liberado de todos los yugos, como una espiral fluyendo en su eternidad siempre renovándose. Lo metonímico abierto en el acontecer, un diálogo que se integra y subsiste más allá del tiempo. Rememoración, síntesis, multiplicidad, todas las sumas regresando a ese punto de la espiral, ensanchándola.

Pero si contemplación y contentamiento son frutos de la poesía, sensualidad y deleite se refunden en un único sentido para encontrar en su absoluto la consagración máxima del amor. Este libro busca la exaltación majestuosa que hay en ese poderío. La relación del hombre y la mujer facilita la reflexión entre el tú y el yo.

El lenguaje que se transforma por las necesidades de comunicación configura la sensibilidad, la palabra hace un cuerpo y ese cuerpo es imagen.

La función ficticia del poeta con el lenguaje asemeja la relación del amante con el ser amado, cuyo cuerpo es presencia y manifestación de la emoción y la esencia del hombre. Palabrea el mundo desde la sacralización de lo físico y la experiencia espiritual. Erotismo aquí no tiene la connotación que suele dársele en una sociedad como la nuestra, que asocia erotismo a lo pornográfico, y que es a su vez inseparable de lo promiscuo y lucrativo. Erotismo y poesía tienen una familiaridad, tienen lazos de sangre. Entre el sentir y el pensar está la palabra, y entre la complementación y la armonización íntima, el amor. Amor que vive en el encantamiento y el alcance de todo lo que es y lo que procura la palabra con su placer estético. La palabra que cuestiona y da un sentido único desde su percepción. La alquimia de la palabra que puede transformar todo en un paisaje alucinado y sublime. Desde la palabra y su profunda palpitación, en ese ciclo que es iluminación y revela toda la plenitud.

El amor —según Octavio Paz— *es una misteriosa inclinación personal hacia una sola persona.* Eso era para Paz: *"un perpetuo descubrimiento, una inmersión en las aguas de la realidad y una recreación constante".* En este discurso amor y sensualidad se conectan para lograr esa unidad que puede llegar más allá de lo inaudito. En *Atráeme,* la voz del amor expresada a través de la ternura, del deseo y la entrega. Un cuerpo, un único cuerpo y todas las visiones del mundo. El uno y el otro en recíproca devoción. Entre la fascinación por el ser amado y el deslumbramiento, en esa revelación del lenguaje, donde lo conmensurable del acto amoroso se vuelve inconmensurable a partir de la palabra. Unido a lo cotidiano como si fuera imprescindible y un absoluto; pero al mismo tiempo integrador y desemejante, en ocasiones una presencia etérea fluyendo en el desamparo del verso. Aquí el amor encuentra un canal abierto, una vena para sumar esa corriente arrasadora que es a la propia realidad.

Amar es hilvanar las formas del silencio —nos dice el poeta— y son los mismos temas: la separación, las distancias, la añoranza que se vuelve grito. *"Ven, te invito a que vengas"*. La presencia del otro y ese solo acto para salvarnos del caos que es la soledad, la terrible ausencia, los encuentros y los desencuentros humanos. El poeta juega con las realidades, lo externo se manifiesta a partir de la experiencia interior. —*Ven deseada*—, con imágenes ardorosas, con palabras vehemente estrena un lenguaje saludable. Virilidad y ternura forman a un tiempo un lenguaje superior, unidas a ese sentimiento puro que sustenta la vida. Poesía que es contemplación, exalta ese acto poderoso y sublime que dignifica al hombre. Poesía para aprender la vida; pero sin dejar de construir otras realidades, o la realidad anhelada. Poesía que descubre con ingenuidad esa simpatía poderosa que hay en las palabras; pero sabe también que es en los silencios donde el lenguaje recobra al mismo tiempo su intensidad. Es ahí, en lo inexplicable donde ella hace ostentación, la imagen pal-pable puede ser ilimitada, vive por sí sola aunque aluda a una totalidad, en ella encontramos además de la dispersión y lo inalcanzable, lo finito y lo terrenal.

Ser poeta no es decirse a sí mismo —diría Celaya— *Es asumir la pena de todo lo existente, es hablar por los otros, es cargar con el peso mortal de lo no dicho, contar años por siglos, ser cualquiera o ser nadie, ser la voz ambulante que recorre los limbos procurando poblarlos*. Poblar todos los limbos de la existencia desde el amor es tentativa de este libro. Poesía confesional que va hacia una expresividad autónoma, que mueve y ordena el sentimiento, que logra desde la particularidad hablar por todos. Una cimentación erigida con emociones, pensamiento y sensibilidades. Redundancia, imágenes sublimadas, un mismo ritmo y la visión deslumbradora de los que saben trazar una línea divisoria entre su yo y el mundo. Donde la soledad es también una forma de rebeldía, y sirve para atemperar el corazón, para embridarlo y protegerlo de las ciegas pasiones.

En *Atráeme* esa mirada distinta y única que ofrece la poesía sobre todas las cosas. Ella escribe el apego, la belleza, lo invisible y hasta lo imposible. Donde podemos reflejarnos y reflejar al otro. Poesía que celebra, que haya virtud en todo, que busca armonizar lo amable con un discurso lleno de energías necesarias para convertir algo tan sencillo en algo universal. Un libro que acopia el júbilo, la alegría que es amar aunque cante la tristeza de la separación. Y estará configurando esa continuidad el amor, amor que en la distancia no mengua, que recobra esa fuerza para empuñar el canto: *amar es lamer el fuego y las heridas y es beber el símbolo oscuro de la luz en los silencios.* Poesía que es ruego, reclamo, que invita: *"Ven", "atráeme", "quédate", "si te quedaras",* que precisa del otro para poder vivir, del ser amado para alcanzar un estado de la felicidad. *Sálvame...sangra en el espejo el color de la noche y el hambre de la muerte.* Poesía que anuncia, que da, que reparte, que no duda, y si interroga es solo para decir: ¿cuándo? En Atráeme el amor es lo esencial ligado a la vida y a la poesía. Poesía que es alabanza, donde todo lo que vive ama y celebra. *Amor es ese largo relámpago sobre los girasoles derramándose... Ese temblor de lluvia y pájaro infinito... Lo que designa el arcoíris, trigo maduro que busca la estación del desborde... Lo que va espigando en la sangre el trueno y la promesa... Lo bendito, en esa cifra múltiple de eternidades.*

La poesía sabe de nosotros, conoce nuestro destino final, busca alegrarnos y reconciliarnos; es diálogo y retorno, lo que nos ayudará a completar y vencer nuestra batalla contra el tiempo. Juntemos amor y poesía son lo perfecto, esa conjunción sagrada nos salvará. El amor nos ha sido dado y la poesía, nuestra misión es amar, amar y amar... ese es todo nuestro destino de hombres sobre la tierra. Amor que es verbo y se encarna el mismo para la salvación, que sobrepasa a la muerte; *porque también la muerte un día terminará, pero el amor nunca dejará de ser.*

Aproximación a la poesía de Roberto Manzano

Para conocer a Roberto Manzano bastará acercarnos a su obra, el poeta es el hombre, bastará el verso para llegar a sus tuétanos y discernir la savia campesina del poeta, su cubanía. El verso para intimar, como si toda su naturaleza nos exigiera la búsqueda, el cuestionamiento, su esencia y capacidad de revelación. Manzano no es el hombre inspirado por las circunstancias, ni por los instantes poéticos. La poesía vive en él, se vale de su sangre, de su fuego, de su voz para legitimar el canto. Voz nutrida que golpea con su elevado tono lírico y emotivo. Canto que hace de Cuba una gran imagen literaria. No canta en él un hombre solo, es el poeta fascinado por la vida, por la belleza, por la tierra, "Tierra él", "Sabana, para siempre sonora" "Polvo" Pero polvo cósmico. La aprehensión interna de su realidad es la aprehensión poética del universo. No desentona de sus contemporáneos; pero distinto, sorprende la virtud de ese nuevo canto tan detallado y lúcido. Siempre el camino, la tierra, el hombre y su entorno real. Poesía que va hacia lo más interior y subjetivo, pero de un apreciable valor social. Lejos de la modernidad, Manzano no ve en la poesía una única cara, no pretende dictarle a otros como deben escribir, pero ha escogido su tono y su modo, un estilo con el que logra narrar su experiencia poética.

Con *Canto a la sabana* comienza el viaje al ser desnudo de su poesía, donde el poeta es siempre el caminante. ¿Habrá una aurora verdadera? La habrá, responde con certeza. El amanecer está en toda su obra como símbolo de esperanza. La claridad total de la poesía para acompañarlo en el viaje, para alimentar sus metáforas e imágenes, y tiene necesidad del paisaje para vivir la creación para igualarse a ella. Saludable y renovador el intento Manzánico de superar la historia con las hazañas del espíritu.

No es un poeta domesticado, desde todas las ópticas busca mejorar el mundo, la crisis espiritual de su tiempo, con una poesía amable, solemne, que alude al despertar del cosmos, donde reitera su amor al orden, en ocasiones a la divinidad, y donde claridad es sinónimo de inteligencia, donde lo sensorial despierta el imaginario. Poesía con la sensibilidad de lo abierto, encuentra la expresión definitiva y todo adquiere un valor inconmensurable ante el regocijo del hombre total. *"Yo que soy todo"* –nos dice– y la totalidad en Manzano como lo abierto en Rilke, totalidad es, lo que no tiene medida, y es síntesis suprema, también es multiplicidad, desbordamiento de un mundo multiforme que aspira a ser la totalidad del todo. *"Todo en él, él en todo"* las virtudes, la angustia, el dolor, el hombre, la esencia universal. Trae el cernidor de la poesía para pasarlo todo por su sangre y esa es la energía que acumula, jamás pierde la fuerza solar que invade o arrasa con sus luces proféticas.

"Se anda con ganas de vivir" el pensamiento de la vida encuentra en él muchas formas expresivas, es lo inundante, lo que no espera daño, lo que no sufre opacidad, es lo nunca agotado, en tanto que la muerte es un símbolo que se aleja, una visión que no afecta para nada al poeta que ha alcanzado inmortalidad. En el poema, "Diálogo de la luna y el cerebro" nos dice: ...Todo camina hacia la aurora, marchando con sus neblinas y arreos de espuma.

Hay una bordadura continua y un destejido permanente. Pero hay por encima de todo un sonido inextinguible, y es el del hacha que va talando y abre de golpe el regazo oscuro para la semilla. Hay una vía, un silencio, un estallido, una aurora perfilándose.

Bordadura y destejido eso es la vida, el poeta asume la actitud de Penélope, hay que hilar y destejer hasta completar la espera. Poeta esencial sigue la búsqueda de significados nuevos, de las múltiples respuestas, él, todo un sistema para aprehender la realidad y la esencia de su realidad se nos ofrece. Abarcador y profundo; pero sin renunciar jamás a la sencillez. No hay paisaje congelado en el verso, siempre se da una transformación, y eso es para Manzano la poesía, un paisaje eterno, un modo de decir el universo sin límite, el verso intimando con lo natural y el viaje como actividad vigílica completan los más bellos lienzos, consigue la expresión verbal muchas veces a través de la pintura, donde el paisaje se transforma en lenguaje: *"la sangre, veladora de todo, columbrando los blancos sonidos el advenimiento oscuro... el poeta... derrama las brasas de la vida y los carbones de la muerte, todos nos quedamos danzando en la misma hornilla... todo es tocado por dedos de lumbre y rocío...todo entibia su polen presuroso...todo abre el párpado para la germinación y el vuelo... todo ha de reconocerse y saludarse bajo la luz."* Cohesión, dignidad, transparencia, sentido de solidaridad, poesía confesional. El poeta está lejos de lo repulsivo, de las mezquindades, lejos del ruido de la guerra, de las prisiones y los condenados a muerte y no es que no esté describiéndonos un mundo real, sino que busca lo amable, lo puro, lo que es de seria consideración para edificar el alma, toca esa otra realidad para declararnos algo mejor. Su poesía no es un panfleto de *inactualidad*, sus inquietudes, el sentimiento humanista, la conciencia del presente y el pensamiento profético, lo hacen meter la hoz en los pastizales de este siglo. Lúcido y visionario es el espíritu, cuando esas dos fuerzas se concilian logran un gran autor.

Los poemas *Manzánicos* rebosan de contenidos: *"el hombre espiritual examina todos los hechos"* pensador profundo, es además un perenne inconforme, lo que lo lleva a una continua búsqueda experimental, no es vidente a la manera de Rimbaud, pero con la videncia del conocimiento anuncia el nuevo reino de la poesía. Frescas noticias, la mirada de un hombre nuevo hacia un nuevo mundo, plenitud a la que accede sin rebelión. No habrá incursión por los infiernos, en Manzano se da la vocación de constructor, todo su intento es constructivo, el hombre cree o destruye, y él, *quiere ser constructor de la imaginación social que conlleva a un sacerdocio riguroso.* No se dará en él la renuncia *Rimbaudiana*, Manzano ya nos ha dicho: que *"es sacerdote de una milicia invisible de la que no desertará jamás"*. Pasión por la infinita búsqueda, tampoco a la manera *Baudelariana*, sino que con iluminaciones distintas, con la percepción cíclica del tiempo que fluye a lo desconocido, el poeta insertado toca los misterios, llega a ser Alquimista en el centro de la vida, de la naturaleza, inserta su mundo interior, crea o destruye gracias al acto de contemplar o sentir y haya el sentido de significaciones nuevas. Lo finito alcanza la realidad indefinible. El poeta ha comido del árbol de la vida, por eso canta a la eternidad de la existencia, es el mismo canto, al que incorpora nuevas voces. De ahí que la poesía antigua pueda ser traducida e imitada y que pueda llegarnos como una emoción nueva, lo que no es más que un efecto de resonancia. No tenemos que inventar nada, no hacemos más que renovar con ideas propias o enteramente subjetivas la realidad y transferimos a las cosas cualidades inéditas. Está escrito que venimos de otro, y de otro, y de otro... bastaría leer las genealogías bíblicas y aunque no me refiero a la parentela consanguínea, aquí también es válido el hecho de que en

Manzano estén totalidad de presencias, las más fructíferas tanto de la tradición cubana como de la universal, nos dice sus preferencias, las lecturas que disfruta. En *"El elogio del escriba y otros apuntes"*, Jesús David Curbelo comenta: *"Formado por la cosmovisión Whitmiana del hombre como imán del universo, la cosmogonía didascálica de Tito Lucrecio Caro, la angustia existencial de Vallejo, la voracidad de Neruda, la euforia comunicativa de Guillén, y el reino de Roberto Manzano cumple una exigencia hecha por Octavio Paz a la filosofía de fin de siglo: buscar una respuesta, un rostro al apogeo de la vida moderna.*

Manzano se sabe deudor, nos ha dicho: *"Soy porque fueron"*, ha tenido buenos maestros, y ha escogido el camino riesgoso, con la experiencia en ciertos reclamos y horizontes y una salvaje ignorancia para responder con dignidad a otros reclamos y horizontes que advierte se le enciman:

Soy hijo de la hierba que piso,
fecundo su brisa,
ramajeo su oxígeno.
La tierra que me sustenta
me da para el braceo
y para el sueño.

Como Whitman dialoga con Dios; pero otro es el sentimiento en Manzano. Descubro en este una mansedumbre mayor, no trata de convencernos que es divino, no está obsesionado por sí mismo, se reconoce siempre y esa conciencia viva prueba lo humano. Si hay oscuridad en él fluirá de sus emociones: duda, inseguridad, temor. Traspasa los límites de la realidad contemplándose a sí mismo, él lo más insignificante de la creación, es a la vez un modo de alcanzar la verdad, a la que accede revelando su realidad individual. Como ocurre con el poeta de *Canto a mí mismo,* en la obra de ambos: la enumeración, la libertad métricas, las nuevas realidades buscando nuevas formas expresivas, si aquél *"no le preocupan ni Dios, ni la muerte, porque no comprende que haya en el mundo algo más admirable que él"* Manzano mira tranquilo a Dios y a la muerte desde los ojos de la poesía. También ama, por eso no es un címbalo estruendoso, ni un metal que resuena, sino que es un concierto para homenajear lo sagrado del hombre y su posibilidad infinita. Cree, sufre, soporta, sabe *"que el amor nunca falla",* y que basta para soportar la soledad, el insomnio, la pérdida de los sueños. Manzano es un excelente comunicador lo que hace que su poesía nos sea familiar. Monumental esa capacidad suya de evocar y compartir, es un hombre que puede decir y dice. Voz auténtica que narra la actitud del hombre hacia el mundo y hacia su semejante. Sorprenden las encendidas palpitaciones de esa voz suave y armónica y más profundamente la ternura de este hombre de campo. Naturaleza, Cuba, hombre, universo, forman el todo del poeta, un todo en equilibrio con su ser que transcurre en el tiempo. ¿Cuándo dejó de ser hombre para ser el poeta? él mimo responde: *Aconteció así /el día que tuve ojos/ganas de irme por una ruta.*

En esta poesía se nos hace costumbre la visión saturada de imágenes, la pujanza del verso, todo se hermana para concebir la grandeza de su obra, ciencia y mito, fantasía y recuerdo, lo filosófico y lo reflexivo, abstracción e imagen, meditación y diálogo, dolor y esperanza. De nuevo con Manzano el todo poético alcanza el cielo de la poesía, el universo que interpretan sus visiones. Sus obsesiones personales en diálogo con la naturaleza, y ésta lo irá robusteciendo, con un diálogo sencillo y musical, busca reconciliarnos con el mundo desde el dolor y la impotencia y logra convencernos que el hombre está hecho para la felicidad.

Seducen sus voces diversas, la sensualidad, el sentido de lo universal y del paisaje, el sentido de lo eterno y del tiempo, el poeta juega con las palabras y hace que todo signifique, hasta la llegada de un simple amanecer, él, es un rebrote solar para iluminarnos. Poesía introspectiva, el yo recordándose, memorias: *Me recuerdo a mí mismo /en sitios que no son, y sin embargo /convocan roncamente a la tristeza.* En el mundo del recuerdo siempre se dará la transfiguración poética, avivado por la infancia, irse y regresar, el poeta es siempre el que regresa ya sea en una evocación, o en los silencios, escribe lo que quiere recordar: *Paso a paso volvió aquel tiempo lejano cuando niño. Y debajo de la lluvia por los trillos avanzaba el agua roja redondeando perdigones, el gemido de los plátanos a la orilla del camino, la corriente persiguiendo desenlace.* No se aparta de los eternos temas del hombre, embauca con una tradición insuperable, con el canto que justifica nuestra existencia, la aparición del hombre no es un hecho casual *"nada cuanto vemos es hijo del azar"* el hombre en su justo lugar concibe la eternidad: porque lo *que deseamos es quedarnos para siempre.... no se agota el poder de la resurrección y no acaba el camino de la vida y es eterno el terrestre nacimiento.* Estos versos junto a: *"Hermanos aquí estoy para servirles /Todo: todo es grandioso"* alcanzan el tono proverbial del *congregador,* marcado contraste con el pensamiento epicúreo de que se hizo eco Pessoa, si para el lusitano: *"Todo es nada... todo es poco... y hay porque vemos"* el individualismo, no tiene lugar en Manzano aunque diga: *"gota soy del océano y en cada gota está el prisma del mundo".* Todo debe cooperar para la unidad, el individuo no está sólo, el ser tiene necesidad de la verdad, ignorarla es no alcanzar nunca la libertad, es creer que la realidad y por ende la poesía son inaprensible.

Manzano quiere atraer al hombre, ampararlo en su búsqueda, deja su vena abierta y fecunda para que beban en ella, su bondad para sembrar en nosotros la semilla, el deseo de libertad impregna el canto que sigue su arquitectura espiritual, las palabras dichas son como dardos encendidos, la actitud leal, el poeta quiere tener la lengua de los enseñados, la lengua que es curación, quiere abrazar a todos los hombres que son sus hermanos, al albañil, al carpintero, al obrero, al relojero. Con un canto de bienaventuranza celebra a los útiles, a los oficios todos. Nos dice: *"En verdad, sí, que todo nos atañe o involucra"* porque si algo somos: *"somos el todo"*. De nuevo lo unitivo, una totalidad que puede abarcar en cada una de sus partes el compromiso del hombre en sí mismo y su participación en la historia. Ilumina no con palabras caídas de la gracia, basta el sentimiento, el ritmo de la idea y el verso es un océano de música, con su sombra perenne y su *inapagado* rumor.

No hay nada por encima de la contemplación y el canto, él es la voz permanente, no le deslumbra el canto de la generación actual: *"Me lo entregaron todo y lo eleve en mi puño regándolo con el viento de la vida"* vehemencia Martiana, sabe que necesitamos del paisaje, que aunque nos sobreviva el cielo, el mar, el río, la eternidad, sabe también, que aspirar a lo poético es aspirar a lo inmutable. El terror a la desmemoria, a la soledad, lo llevan a la escritura, ese crear y recrear lo existente, a partir de sí mismo y lograr la visión trascendente de su realidad a través del lenguaje, obsesionado por nombrar, el amor a la vida se le ha vuelto comunicable. Hay un dolor en Manzano como lo hubo en Vallejo, lo reconocemos pronto en el diálogo:

Yo he palpado al dolor con mano dura
yéndome con su mismo fleje tenso
y he sentido la inmensa quemadura:
el dolor crece con su fuego inmenso
crece a dos luces, en dos lunas fijas...

La poesía eleva de las circunstancias, Manzano sabe autosuperarse, encuentra un entusiasmo, puede salirse de sí, hacerse indiferente, en el verso, lo salvado, que aunque no escape del dolor nos ilumina: *"Y toco al dolor en su nuez magullada, su manquedad de corteza, cuando todo es zumo dolido".* Nada lo amarga: *"Sabes que estás vivo por lo que traes de muerto". "No sería mejor fallecer de a poco, por cuotas invisibles, hasta quedar totalmente resurrecto:*

Así con el dolor no se eslabona, no se moldea, no se transfigura. Bajo los ojos para no ver sobre la húmeda tablilla, con el estilete en la mano; bajo los ojos para no ver, pero ya estoy viendo de memoria, dentro de la incisiva plasticidad del dolor"
El dolor de la separación le arrancan un *"largo lamento sonoro, como una estentórea muralla china"*, y una de las imágenes más bellas del libro: *Sólo deseo deshabitarme el dolor, como un estertor /que de pronto sale y se divide en dos rostros que se miran de frente.* Manzano no es un poeta mutilado, los muchos que hay en él, cantan al unísono, ninguna voz por encima, ninguna rezagada, en todas las preocupaciones por el ser y el tiempo vivido, sus elegías son los cánticos nostálgicos de Adán tras perder el paraíso, ansias justificadas de querer recobrar los mismos sitios, el mismo paisaje:

Porque yo soy, existo, y tengo ganas, cantos
sueños silencios, bullicios, frustración

urgencia, menesteres, esplendores, quebrantos
Tengo derecho a cantarme de punta a punta, entrando
sólo a mis propias canciones
Yo sólo, en lo que soy, con mi única pregunta.

Manzano es poeta cuando dice y cuando calla, su voz detenida sigue siendo voluptuosa, sigue invitándonos a la alabanza. Sólo él puede medir el pulso enérgico de la poesía y embridarlo. Puede contener su fuerza destructiva con la paz del creyente, con su nota serenísima. Todo le inspira, todo lo devuelve como un fruto solar y vamos henchidos de confianza, bendecidos, circulando en tanta blancura: *Allí estaremos todos /en el mismo saliente del destino, /ansiosos de belleza*. Poeta benigno, en él la poesía encuentra un pedestal donde apoyarse, se anda desnuda de mirada y voz ante la gran experiencia humana, ante el verso espontáneo, certero, contaminador de vida: *Pues todo es de gran valía/y de un celeste merecimiento/y de una necesaria añadidura: todo cabe en el trato /como un anillo, y es de una atención increíble,/y de dónde procede la vida si no viene de una aproximación sagrada?...* Poeta de la imagen, imagen solar: *"Hundido en la sangre como un plomo de luz o un pesado cristal o una copa que baja a recoger sombra para alzarla hacia la esmeralda hojosa de lo más alto, de lo que echa frondas y frutos hacia el sol... el sol es una puerta la mayor que existe, y atravesando los estratos cerrados de la sombra y las aglutinaciones excesivas de la luz, alcanzaremos la más justa eufonía de la sangre"*. –Otra vez el sol, como en Miguel Hernández–: *"el sol que es alivio para el mundo"*; y que en ellos: *es pasión, suceso, sed, desenfreno*, no será nunca elemento decorativo, ni siguiera es lo estático, porque lleva el empuje de la vida; volcánico y febril en su belleza, plañe ante el drama humano.

Todo lo ha aprendido del sol que no es objeto sobre las cosas, sino que es cosa el mismo, seguirá recordándonos, nuestra amarga impotencia humana. Un sol que nos acerca cada vez más a su claridad benigna, que es fuego totalizador, lo que nace y permanece, lo permanete que lleva el tono afirmativo e insaciable, un tono victorioso y de generosida. La poesía es otra manera de encontrarnos y de aprendernos, es compartir la soledad y es amar la soledad, el poeta se escucha al fin, su cosmos debe encarnarse para ser revelado, en el poema su universo y el universo exterior, donde interrogamos y somos interrogados, donde *"todo es proximidad"*. En *Escrituras*, un poema que pertenece al poemario *"El hombre cotidiano"*, nos abre las puertas, invitándonos a entrar a la intimidad del acto creador, toda atención es poca: *"Sobre la cal van cayendo las letras, arrimando su negro vuelo de plástica ensoñación"*. Hemos de detenernos, ante la sublimación de la escritura, el oído presto a la meditación ahora se agiganta, *"caen, caen las letras sobre la cal incitadora y terrible, el arquero se está jugando su propia vida con su propia saeta... un ruido rompería la sutil fascinación de aquel que dispara concentrado sobre la tensión del arco, sobre la distancia más azul de la vida..."* el Hombre en busca de la identidad perdida.

El poeta es cazador *"su cacería sin daño, su bondadosa persecución, funda nuevas especies de fijeza y asombro. Cuerda de lo que queda mudo, estira de pronto su pequeña existencia al mirar lo alto y lo hondo con la sangre en vilo"* ya lo ha dicho: *"A través de la sangre se captan los mejores horizontes"*. La visión de la sangre queriendo eternizar los hechos en la corriente temporal, la visión de la tierra donde el hombre viene a reintegrarse, la visión del camino como metáfora de vida, movimiento y ansia de libertad, logran sus aciertos expresivos, voz entusiasta, viril, voz de patriarca congregando a una gran multitud, él interprete de sentimientos colectivos, todavía puede, *"se siente sin edad con todo el tiempo unido... Monarca del empeño y de la trémula mensajería de lo invisible... se le volvió escribible el mundo."* Todavía tiene el canto de *Quijótica* aventura, canto de madurez que no conduce a desilusión. Fidelidad a sus propios pensamientos, poder de separarse y contemplar la muerte, si Pessoa y Rilke veían en la muerte la posibilidad del retorno, el *"retorno eterno"* según Nietzsche, Manzano parece estar más influido por el pensamiento cristiano:

Porque podemos irnos, pero no podemos irnos, /quedarnos es nuestro verdadero destino de hombres sobre la tierra. Nos confiesa un misterio: *Dentro de la muerte está la vida,* verso que nos recuerda la doctrina primaria de la resurrección, Cristo regresando del infierno y alcanzando la victoria sobre la muerte. *"La muerte es la estación más frutecida y roja... en los bolsillos de la muerte pululan las almendras infinitas.* Resonancia bíblica: *"Noé es el héroe, en quién, hoy, ahora mismo se dirimen asuntos implacables".* Aunque predomina mucho de la atmósfera nietzscheniana en la poesía actual, bastarían unos pocos como Manzano para convencernos de que Dios sobrevive, y del fracaso de la ciencia que aleja al hombre de lo espiritual. *"Exige el coraje de la generosidad... acariciando en la soledad más sola los frutos que le ofrece la voz",* pero confiesa: *"cada canto es un duro peligro"* el poeta nos recuerda a Jacob, quien estimaba tanto lo espiritual que lucha toda la noche *con un ángel por una bendición, él también deja "su corazón expuesto como un redondo ternero dispuesto al sacrificio". "Todos los salterios del mundo cantan con esa sola célula sensual"* Dignidad, coerción, transparencia, el verso nos respira, desborda, reitera: *"Cuando ya no se pueda con las máscaras",* queda un refugio, la escritura, con ella crece la música, el caos se organiza, todo adquiere *"claridad y curso".* Esencias y versos mezclándose y lo inesperado acontece, la voz enriquecida, adulta, sus repeticiones con su acierto cálido dejan su mensaje al mundo, y esto es Synergos, un canto superlativo al amor, a la amistad, canto de energía interminable, el poeta en su lugar definitivo descubriéndolo todo. La doctora Ivania del Pozo en su libro: *"Espejo de vehemencia, Un viaje al Camagüey poético"* deja claro como Manzano, presenta una rica frase poética abierta a los variados significantes que puede arrojar la lectura, y nos dice además: *Los últimos libros de Manzanos representan la apoteosis de la tendencia de acopiarlo todo y dirigirlo hacia una unidad superior de sentido. En sus textos se nos presenta una poética del espacio, el tiempo, la estirpe y la identidad a través de un arte sinérgico que resuelve todas las contradicciones aparentemente insalvables.* Maestría, candor, amplitud, el rumor poético se alza hasta alcanzar la perfección, si el labio indócil silba ante la letra apocalíptica sólo el ojo innoble hará resistencia ante una poesía suficiente, inalterable, fluida, perdurable que alcanza los pechos altos de la poesía *"desbrozando la carne propia.* Su poesía es un pulso tranquilo sosteniendo las lámparas, una voz que se alza por encima de todas las cabezas e invita: *"Este es el camino, anden en él"* En esta culminación del viaje, queda sonando como un versículo gigante el mensaje de este poeta que cree en la poesía y en su utilidad.

Manzano es un sasafrás aromando la noche de la poesía, *"Un temblor creciendo desde la flor oscura... Un aerolito que rutila en el memorioso encerado de lo eterno"* Celebremos esta poesía, este canto de organizado clamor que va animándonos a elogiar la vida y todo cuanto nos rodea, haciéndonos cómplices de un hecho literario que resume nuestro tiempo para conducirnos a la profundidad de un alma y un país, con un lenguaje certero y esa maestría para pintar paisajes de luz, la tierra amada, y el hombre en su batalla cotidiana, versos que siempre regresan para dejar un monumento, y acompañarnos en esa búsqueda hacia lo trascendente. Roberto Manzano, es una de las voces más relevantes dentro de la actual poesía cubana.

BIBLIOGRAFÍA CONSULTADA

Curbelo Jesús David: Elogio del escriba y otros apuntes
Manzano Díaz Roberto: Encaminismo, Editorial Ácana 2005
Manzano Díaz Roberto: Synergos 2005 Editorial Letras cubanas
Pozo Ivania del: Espejo de Vehemencia, Un Viaje al Camagüey poético 2002, Editorial Ácana.

Bajo la sombra del corazón

Aproximaciones a la poesía de Germán Rizo.

Una sombra... Todo el infortunio del mundo, y encima mi amor, como un animal desnudo... Con esta cita de Paul Eluard, Germán Rizo abre su libro. No necesitamos saber más, entre sombras, infortunio y amor se escribirán estos versos. Germán es de esos poetas que entienden la poesía como ejercicio de salvación, sus versos justifican la vida, embaucado como si escribir fuera el *"todo"* del deber del hombre, es de esos poetas que entran en ella para siempre quedarse.

Bajo la sombra del corazón, es un canto al amor y a la realización en el otro. Poesía emotiva, sensorial, táctil, versos hechos para el paladeo y la alabanza. Con sobriedad y una eficacia expresiva, con un texto plural y armónico, nos revela alegrías, goces; pero también las angustias que nos acompañan. Vivencias propias o ajenas sucediéndose interminables. Se vive cercado de sombras, algunas terribles, no hay maneras de escapar. Para el poeta no hay renuncia, sabe que es dura la contienda para sobrevivir en medio del caos y lo desconocido, entre esas sombras que enturbian y dificultan la convivencia y el diario suceder. El poeta es un equilibrista en concordancia con la vida, él, el que resiste. Para Germán la palabra se convierte en el único modo de poder revelarse y revelar el mundo. El poema es un testimonio del suceder y de la búsqueda. Desde su inconformidad nos habla, el amor es la vena, el fuego sagrado que lo alimenta. Desde el silencio busca el enigma de la creación que el lenguaje poético encubre. Desde la palabra y entre sus múltiples significados se encierran las formas simbólicas que alimentan ese silencio y lo trasceinden.

La poesía necesita del silencio para fructificar allí, donde el tiempo se anula en la virtualidad del lenguaje. Poesía que se va haciendo con las cosas sencillas y simples y con las grandes nimiedades de la vida, y también; miedos, llantos, nostalgias, desesperación y ausencias. Poesía que recoge lo cotidiano y quiere revelar todas las riquezas del ser en sus ocultas relaciones. Lección perdurable siempre, en ese diálogo donde la poesía es una eternidad inexplicable y única, donde el poeta celebra y se descubre. Estos serán los elementos definidores de su poesía: La ausencia y la desolación, la conciencia de la muerte, la cotidianidad, el amor como una forma de resistencia, sus imágenes con las que trata de traer y recrear la realidad.

Dios es otro silencio y otra ausencia en estos versos, lo que acentúa en ocasiones la desesperanza en ese combate entre el hombre y sus sombras, entre lo individual y la dispersión, él solo enfrentado, otro Odiseo en su rebeldía y persistencia enfrentado siempre a la idea de volver. En esa batalla por encontrar sus palabras, con las que va a narrar su verdad íntima. En su deambular hacia lo inalcanzable, en su ir y venir por los caminos de todos los días, entre la desazón existencial y el deseo del reencuentro, lo acompaña el sentimiento de pérdida. Lejos de su tierra estará evocando siempre, lo que se abandona, lo que se deja detrás y ya jamás se recupera. Su poesía se pierde en el vértigo de una vigilia que siempre retorna. El lenguaje es ausencia; pero también es una manera del regreso. El poeta es uno que sobrevive en medio del silencio y la desolación. En el nacimiento de las palabras. Allí es la cita. La palabra nos inventa, se hará la fiesta de los cuerpos, el roce y la sublimidad. Las palabras hacen el amor, están hechas de silencios, de largos duelos y desvelos, ellas son lo sagrado y rememoran, las palabras son el presente continuado.

Germán no se conforma con materializar ese instante real, él quiere lograr la trascendencia, donde recuerdo y deseo se funden al ideal de la palabra. Las palabras no son lo indecible, ellas revelan. La confesión lírica como tema escondido en la exploración de sí mismo.

Poesía para encontrarnos y encontrar al otro, donde el poeta se piensa a sí mismo, él solo quiere amar, quiere la complacencia, quedar emancipado, lejos del dolor y la angustia, solo el amor es lo que necesita, desea y logra sublimar la sensualidad que lo asalta. La experiencia amorosa es su fuerza vivificante, no es infrecuente encontrarla en sus versos, como si la entrega significase la disolución en la amada, y esto fuera la única redención posible, además de ser también, otro modo de sufrir y padecer. Condéname a tu exquisita desnudez, donde la tibieza del amor se prolonga.

Hablo por la tibia línea
de tu desnudez
Trepo los remolinos
de tu cuerpo
abriendo el silencio maternal
de tu vientre
encuentro entre las hojas del jardín
el vacío de tus ojos
y dormidas primaveras
Nacen nuevas estrofas
en lo profundo
de tus besos
se levantan
hogueras interminables
que lamen los surcos de tu ofrenda

El poeta en su deseo de trasgredir, buscando siempre un paisaje de luz siempre asociado a la mujer. Inmenso paisaje, besando las heridas del crepúsculo en tu boca. Lleva al verso un protagonismo y un elevado erotismo. *Me devorabas y devorabas el ruido incesante de mi lujuria... Te rocé en el goce mío, entre el fuego de los besos y los rostros de la noche. El sabor de la noche, envuelto en el goce penetrante de tu cuerpo.*

Arde con avidez
el fruto de tus labios
Sobre mi voz cansada
crecen los júbilos
del deseo y la luz
Sabor de la nada
sabor ciego de ti
lujuria
hambre desértica de tu alma
boca húmeda crecida
entre las voces de mi silencio

El tema amoroso llama y atrae al poeta, la angustia y el anhelo son solo sueños, la mujer idealizada: Entre mi sombra te has enredado como una selva enigmática y virgen.

Sin pausas amarte
dormida
despierta y húmeda
en el goce ávido de mi sed
en el tiempo sagrado
del delirio
Amarte

en el silencio de mi voz
grito callado

La exaltación de la figura femenina, toda ella vencedora, *árbol en el despertar de las sombras, en el volumen estremecido de mis manos... Libélula, danzando en la fortuna de mi ojo.*

Y llegas
con la sed de un pájaro
que habla en silencio
lamiendo la quietud
penetrando en latidos de guerra

Una cotidianidad fluye desde este lenguaje, desde la intensidad de la palabra poética. Poesía es reflejo y es también la circunstancia del poeta, en Germán es su reflejo y consecuencia. Su yo íntimo, y en su individualidad está el hecho colectivo. Es el amor de todos, los mismos anhelos y deseos, el hombre y la mujer, la pasión y la entrega.
Con mi tacto edifico una dinastía de relámpagos, la palabra reveladora revitalizándolo, la introspección para encontrar al otro. Se extiende la lujuria, los versos en mi sangre, son un río que hierve lívido en la noche.

Inquisidora
enciende ese lago danzante
y quema la soga perpetua
ceñida a estas pulsaciones
amargas
Arranca con tu lengua
esta soledad...

Todo como un símbolo para alcanzar los silencios; *el silencio hueso cristalizado que penetra como un silbido armado.* Y desde el silencio fluir emancipado. No todos los silencios son esa sombra, hay un silencio que disfruta el poeta, el silencio que queda después de amar, el silencio de los cuerpos abrazados, allí donde nacen sus imágenes, el que antecede al nacimiento de las palabras. La lluvia y el otoño son motivos reiterados en su libro, junto a la luna, la noche y la soledad como elementos de esa cotidianidad y nunca suficientes en sí mismos. Donde no falta la invocación tediosa de lo ausente y la rememoración como tema. Germán crea un universo propio, hecho de sus propias vivencias y de lo que asimila de la tradición, para dejar un testimonio vivo, la visión de la realidad y sus más perdurables estados emocionales.

Siempre las sombras, las terribles, tocadas de soledad que vuelven el paisaje familiar sombrío, la ausencia de la madre, la evocación de la muerte, *y ese coro de abanicos trayendo sus olores*, el poeta conmovido ante lo inevitable de la pérdida, en ese caos angustioso de la memoria, *un sol quemándole la sangre, el mar de su agonía... mi voz rompiéndose entre los pájaros, desolada. Madre arranca esta vestidura apresada en el amparo y me con ese ramo de lámparas selladas en tus ojos, con esas mareas empuñadas en tu boca velando esta muerte.*

Porque estamos hechos de memoria, lo repetitivo en su búsqueda en el tiempo logrando eternizar los instantes.

Madre alimenta con tu pan

*la sangre que ondula
bajo mi llanto
y reposa en mis llagas de luto
este sudario de tristeza*

En Germán un mundo de imágenes, donde el signo acude, ese inconsciente que se vuelve imagen y termina siendo palabra con la que busca nombrar. Con la palabra sobrevive a la ausencia. Poesía es acercamiento y aproximación. El verso *es ese encaje de signos y soles que funden los nudos de
la noche*. Encontramos en sus textos belleza y angustias. La exploración del que ama, el eco de esa intensidad de la existencia.

En algún momento coinciden todas las sombras, las más terribles, las sombras sedientas, fluyen enmudeciendo *el cadáver de la noche*. Las sombras atormentándolo, *"me brotan las sombras costuras desgarradas"*. Sombras que vislumbra frente a las virtudes del verso, el poeta enfrentado en la palabra poética, que tiene que atravesar una niebla espesa, una lobreguez mayor para poder revelar su mundo. En esa carencia de luz y hermetismo en que vive la poesía. Ella también es sombra y es lo impreciso, lo que está cerca a la oscuridad. Poesía es otra forma de lo oculto, pero es también plenitud y un modo de acercar las distancias. Entonces la poesía se vuelve grito, urgencia: *"Ven libérame de esta sombra que aúlla en este cuerpo y amordaza la noche"*, el verso que asiste sediento al clamor de los pájaros, verso lívido, doloroso verso *sonoro en el secreto de tus besos, acorralado, transido en las estrofas de la muerte entre la tibieza del tiempo que se levanta a ciegas sobre el reflejo de tantos espejos que nacen en el mar.*

Poesía es búsqueda, *sangre desnuda en la luz cálida y saturada de hondas muertes* y es memoria para sobrevivir, porque quizás haya que poetizar la memoria y eso nos salve de tanta ausencia. La poesía habla por su alma y nos dice, *canta con voz incandescente*. Testimonio legítimo de un mundo, sus lecturas nos despiertan resonancias y estados de ánimos. Al final nos convence que no todo está perdido, que nos queda la esperanza para salvarnos. Encanta nuestro goce una lírica serena, que nos encuentra, porque al amor hay que volver siempre y a la poesía.

Mírame ir
por las calles marchitas
como un soldado sin bandera
en la hora remota
mírame
que la lluvia
moja mi nombre
escrito en torbellinos
de sangre...
Mis manos estarán
en la batalla
Del aroma del mundo
nacerá una semilla y una estrella

Para Voltaire la poesía solo está hecha de bellos detalles; un detalle de flor, un deshoje, una mirada, un zumbido, árbol, hombre, bestia, pájaro, vida. Poesía que repite el eco de una intensidad de vida insondable. El enigma es el lenguaje, las palabras rozan el misterio. Poesía es el camino a la perfección, pero es también un acto de fe. Se sabe que todo acercamiento a ella sugiere una acción espiritual. La poesía siempre nos mejora. Si poesía es evocación y repetición, es también lo interminable, esa extraña fiesta de la que hablara José Martí. A Germán lo tienta el juego, quiere alcanzar esa eternidad de las palabras. La única solución es escribir nos dice el poeta: *Escribí bajo una noche vaga y tus formas oscurecían la sombra de mi sombra.* Eso es para él la poesía, libertad, sanación, lo que nutre y alimenta su vida. Un modo, el único modo que conoce para encontrarse. Vive la experiencia de la poesía y nos invita a acompañarlo en el viaje, busca el diálogo, el hallazgo de la intimidad mediante esa comunión con los otros. En esta muestra que hoy nos ofrece, nos invita a esa celebración única del hombre que es la poesía en unidad total con la vida. Germán nos invita a pasar y a quedarnos con él, bajo la mejor de las sombras: bajo la sombra del corazón.

Palabras a destiempo. La poesía de Franki de Varona *Las gaviotas también vuelven en diciembre*

Las gaviotas también vuelven en diciembre, es un libro que recoge un discurso de confesión abierta, donde el poeta nos lleva a intimar con su yo único. Textos rememorativos en esa búsqueda de una identidad. Páginas de nostalgias, dolor por ese ayer irrecuperable. La soledad frente a su propia vida, el poeta herido por la imposibilidad y la ausencia, acosado por lo efímero y la fugacidad. Entre enumeraciones y evocaciones se van haciendo estos versos de hondo intimismo. Versos que se escriben con perseverancia, que exhiben la intensa batalla del hombre por revelar su centro.

Salvar a las palabras de su vanidad, de su vacuidad, endureciéndolas, forjándolas perdurablemente, como pedía María Zambrano es el deseo de este poeta que quiere alcanzar la lucidez desde la escritura, desde la palabra realidad vivida y sus múltiples significados. Las palabras se conducen como seres versátiles y autónomos. Siempre dicen esto y lo otro y, al mismo tiempo, *aquello y lo de más allá.* En ellas se encierran las formas simbólicas que alimentan su silencio y lo trascienden. *Las palabras dichas /crecen como pergaminos /en los techos de la noche. /palabras dichas a destiempo /se oxidan como algas sembradas de distancias /de un otoño cualquiera /en el gris desvarío de los recuerdos.* El poeta abandona el silencio, desde las palabras busca darle sentido a su propia existencia. Él, un sol desnudo que no teme mostrarse, que abre vertientes para iluminar los espacios íntimos de la existencia, un paisaje de luz desde donde se puede escudriñar el universo o el ser en su máxima sensibilidad. Y es el desgarramiento, la equivalencia que buscamos en las cosas, la necesidad de hallar una voz en esos giros abiertos del lenguaje, lo que nos mueve a escribir y a reconocernos en la escritura siempre, mientras se desgaja la intuición, ese torbellino a donde van las emociones. Impulso que rompe todos los límites en una incesante apertura eso es poesía. Ese intento de traer la claridad para alejar las ausencias, esa luz necesaria para alcanzar lo perdido. La poesía acompaña la profunda y ancestral soledad del ser humano, nos acerca a la verdad y a la reconciliación, ella es soplo, aliento de vida. Poesía —dice Huidobro— *es música tendida de uno a otro.*

La experiencia amorosa, frecuente en la poesía de Varona, el amor es otro modo de resistir y sobrellevar las cargas terribles de la existencia. La contemplación y el éxtasis crean un momento de serenidad en el lenguaje. Volvemos a lo transparente, retornando a ese canto generoso del hombre que ama y necesita ser amado. *La última luz hablada es el amor*, verso que escoge de Dylan para acompañar estos poemas. Así lo cree Franky, y así lo crea y recrea a través de su poética. El amor es otra forma de iluminación, y contención, que siempre será exaltado, porque está hecho de eternidad. Si para Baudelaire, *el amor es un crimen*, y para Kafka: *amor es cuando digo que eres el cuchillo con que escarbo mis heridas.* Franky de Varona sin embargo le concede al amor ese valor purificador, incontaminado, es lo que une cuerpo, espíritu, y emociones, para el poeta, el amor es lo único que puede colmar todos los vacíos. *Dicen que el amor es milagro que salva.* —nos dice— y entonces ruega: *Sálvame de las campanas que anuncian /cualquier muerte...*

Conjuga la praxis amorosa, con la exaltación de la figura femenina, ella siempre triunfante, como si fuera la divinidad suprema, en ocasiones una presencia implacable, percepciones que desbordan ese sentir de pasiones idílicas. No falta el símil exaltado y esa fusión erótica con que logra la idealización de la mujer. Hacia la imagen se orienta el que escribe, el mejor lugar donde celebrar, será el poema: *Hembra mía tus ojos salvajes visten mis palabras.* Hipérbole *Tus manos borran todas las ausencias... gota insistente que moldea la vida...*

Te expandes infinita en el color del aire/en los derrumbes de una gota de fuego... sublimidad */Nadie escapa al sonido de la piel. /Nadie escapa a la llovizna /que muerde las vísceras /delirantes de la ternura.* Necesidad, como si lo apremiara una urgencia. *Ven /Cúrame /Yo te curo... /Encontrémonos a mitad /de una lluvia cualquiera. /Quedémonos como dos perros hambrientos /lamiéndonos las heridas.* Continuidad, *el amor necesita de espejos cuerdos donde reflejarse.* La lluvia y los espejos, un motivo reiterado en su poética, en ocasiones funcionan como símbolo y en otras como una premonición. Una poesía rica de imágenes y bien pensadas metáforas, llena de aires místicos que hace que nos replanteemos conceptos como silencio, tiempo o soledad; donde escribir es otra forma de silencio, de aceptación de esa soledad, donde se está a gusto, donde se quiere. Según Rimbaud: *"el poeta deberá hacer sentir, palpar, escuchar sus invenciones"...* Hacer que las palabras entren en contacto con el mundo, con el ser, palabras que lograr una identificación profunda con el entorno inmediato y las cosas que conforman el sitio del hombre.

Poeta es el que hace de la poesía una manera de ser, de estar y de sentir en el mundo... *"es el que reencuentra los parentescos huidizos de las cosas, sus similitudes dispersas. Bajo los signos establecidos y a pesar de ellos, oye otro discurso".* Sin poesía no hemos vivido, ni amado, ni soñado lo suficiente, necesitamos de ella para estar completos. Vivimos mutilados y para este poeta lo que nos salva es la comunión con la irrealidad, –irrealidad verdadera–, y eso solo se logra a través de la poesía. Esa mutilación que está dada siempre por las soledades que nos acompañan. –Según Michel Foucault– . El poeta convertido en un descifrador de la vida: *La ausencia levita entre palabras muertas... relámpagos convertidos en palomas... esa plegaria de verbos distante que la oscuridad corta con tijeras de voces calladas... La muerte grabada en las frías aristas del milagro.* Franky se sabe poeta, nos revela una realidad muchas veces utópica, ese pretender traspirar la realidad sin rechazarla, —especial meta de los surrealistas—; pero es también la suya una poética impregnada de veracidad, porque es testimonio, una cimentación que se sabe concertada en su propia vida donde se entremezclan realidades y sueños. Desde su testimonio poético busca darle sentido a su propia existencia. Su obra no se detiene en descripciones y vacías exaltaciones, él va al encuentro de las oscuras y secretas asociaciones que toma de la realidad, la metáfora es el medio que encuentra para revelar, las analogías y los símbolos.

La realidad es un reloj que camina al revés. Simulación, enmascaramiento, frustraciones, escepticismo, rechazo, amor insatisfecho, dolor por la incomprensión. *Y no quiero /no quiero escuchar el latido de esas letras en mi frente.* El poeta atormentado por la imposibilidad de traducir el idioma de lo incomprensible. Varona busca descifrar el enigma del tiempo que el lenguaje poético encubre. Es siempre el inconforme, necesita inventarse otros espacios ilimitados donde pueda integrarse a lo desconocido. Aunque confiesa que solo le interesa interpretarse a sí mismo, y es cierto que busca con insistencia definirse y auto reconocerse, esta obra es un testimonio de quien nos da sus percepciones de los sitios, los hechos y las personas que conviven con él. Testimonio de la angustia, inquietudes, anhelos, para perpetuar el dialogo del yo con sus circunstancias y con sus deseos más recónditos. Poesía que traza una memoria, que deja una estría para escalar silencios y honduras. Palabras que resisten y abren una línea de luz entre las sombras, que tiende un puente entre lo efímero y lo perpetuo, una unificación ejemplar de espíritu y letra, de recordación y presente. La poesía trae lo ausente, la mirada hacia atrás, hacia lo que se abandona, hacia lo que estará volviendo siempre. París de sus recuerdos, la isla, su isla, una isla que es:

> *Una tempestad preñada de nubes y espigas*
> *atrapada en la sangre.*
> *Polvo que se esparce en el éter del otoño.*
> *Llorar un mar de estrellas gigantes*
> *Diluvios que se derraman como peces de olas muertas.*
> *Buscar en las arcas del tiempo*
> *y encontrar una sombra perdida.*
> *la ceniza que habita los perfiles del olvido.*
> *Buscar entre páramos que fenecen*
> *los violines solitarios*
> *el mármol desnudo donde se posan los abismos*
> *los soles del último invierno.*

Poesía de la indagación. ¿Qué es un hombre después de todo? ¿Qué soy yo? ¿Qué eres tú? como en Whitman esta poesía busca situar al hombre en el centro del universo. El hombre alcanza una dimensión trascendental, el hombre en el centro de esta cosmovisión y de él se nutren los textos. Poesía que es alabanza a esas fuerzas creadoras del hombre.

Franky de Varona toma de la poesía todo un desborde de irrealidad y signos. La plasticidad con que moldea las imágenes, todo un entramado de sugestiva simbología para revelar lo próximo y nombrar lo indecible. En la lectura de este libro asistimos al acto de hilvanar y expandir nuevos sentidos. Una poética que revela a golpes de insomnio el espacio falseado que rodea al poeta y la fatiga tediosa de una cotidianidad asfixiante. El poeta como un Odiseo contemporáneo, insiste y regresa por los caminos de la escritura, para revelarnos el mundo en su dimensión más cercana y transparente. El hombre trayendo su reino a todos esos reinos del universo, como pedía Huidobro. Para encontrar dentro de muchas voces, un eco de verdad, un volver a la inocencia primigenia, a la palabra que está cerca del origen, un aliento profético que diga al hombre moderno: *este es el camino anden en él*. Sin poesía no hemos vivido, ni amado, ni soñado lo suficiente, necesitamos de ella para estar completos. Vivimos mutilados y esa mutilación que está dada siempre por las soledades que nos acompañan, para este poeta lo que nos salva es la comunión con la irrealidad, la recreación de un universo sensible donde el poeta se sobrepone a sus circunstancias: *Vegeto vivo y revivo a mis muertes...*

Cuelgo en las astillas del amanecer
un imperio de lirios
cosidos a las ráfagas de los naufragios.
El tiempo afilado en la calma
engendra los ancestrales misterios de la niebla
la oquedad de una campana helada
donde mueren los relámpagos.

*Lápidas en los destellos fervientes de la noche
calles inundadas de espejos
de rostros que tropiezan como pájaros.*

*En los bramidos muertos
cuervos y girasoles
caracoles enclaustrados en el desasosiego.*

Poesía significativa, solícita, audaz, llena del ritmo de su tiempo, que aún sin brújula sabe a dónde ir, porque encuentra siempre el lugar que va directo al corazón. Los poemas aquí reunidos nos permiten apreciar y valorar la evolución ascendente de una de las voces auténticas de la poesía cubana de estos tiempos.

De Santander a mi Isla
Aproximación a la poesía de Jorge Agustín Rodríguez.

De Santander a mi Isla es un libro de nostalgias. La nostalgia nos llega */como llega el invierno /y nos hace mirar nuestro silencio.* Jorge Agustín Rodríguez entiende la poesía como acto de creación y como medio de conocer el mundo y de conocerse; pero la entiende también como un acto de salvación. Ella vence sobre el olvido, a la vez que edifica una memoria viva y trascendente. Poesía para recordar quienes somos, escritura de la convivencia con el hombre, construida con las minucias de la cotidianidad, lleva consciencia de la vida de los otros y de nosotros mismos en lucha contra el tiempo y la realidad. Poeta del don, con una disposición o gracia natural para alcanzar la expresión poética, lleva en sí la capacidad de conmover, entiende la poesía como método real de discernimiento y síntesis (sinestesia) de la belleza. Nos lleva a conocer su mundo referencial, y el orbe lírico que él ha creado. Nos acerca a ese universo familiar sin exaltaciones temperamentales, dado esencialmente a la contemplación y al disfrute sosegado, como quien sabe su destino final y sigue inconmovible resistiendo desde la poesía. Poesía que recoge palabras y silencios, imágenes y presencias inconmovibles, donde es perceptible cierta tristeza que nos llega de la rememoración y el reencuentro con ese pasado que lastima. Lo acompañan ciertos tonos de desesperanza, y frustración. *La desconfianza de los que te abrazan, /morbosamente fríos, /como los huesos de los difuntos /que nunca amaron... Y la tierra /sigue esperando que la amen,* –nos dice–, para acentuar esa urgencia y necesidad que nos sobreviene en medio de tanta desesperanza.

Su libro nos entrega una profunda experiencia de participación, un diálogo de alguien que convive con las cosas y ha llegado a intimar con la naturaleza.

No falta la gustosa conciliación de los sitios que deslumbran al poeta, y esa manera propia de mirar y de sentir la vida en sus diversas experiencias, que dan diferente significación e importancia a los hechos del diario vivir, que se detienen cuidadosamente en la realidad, que se vuelve hacia el entorno inmediato; el de los objetos, los sitios, las costumbres, la vida familiar, signos de una convivencia que va conformando una obra de asombrosa coherencia. Los versos que nos ofrece Jorge tienen el vigor expresivo del silencio que trae la poesía de la rememoración. Reminiscencias, poesía que toca las raíces más auténticas del ser, donde habitan fantasmas y pájaros nocturnos/ que nos hablan al oído el silencio de los muertos. La cotidianidad con su carga afectiva nos declara la multiplicidad y riqueza del entorno, pero también la angustia del poeta. Esa ausencia con apertura sin final, en contraste, con la contemplación de un paisaje eterno que desconoce la avidez de la muerte: *Mi infancia sigue conmigo /y las mariposas aún están sobre mi cabeza.* Poesía intimista y del recuerdo: *La mesura de mi cuarto, / la lámpara vertical enrojecida /con su aureola, /y el olor del rocío... el padre, la madre, la abuela, todos ellos están en los carruseles que giran alrededor de su vida.* El poeta angustiado por el vacío y la ausencia nos dice: *Qué hombre no ha venido a esta tierra /a dar el sacrificio de sus huesos. / Las flores, las espinas, los misiles, el sexo;* pero el poeta es el perenne inconforme, trasgrede todos los límites, resistiendo invariablemente desde su imposibilidad, como Odiseo, siempre invocando el mar y los regresos:

¡Oh, Isla, estás en la vigilia de los ojos /que no han dejado de mirarte!; hay que cruzar las líneas de las aguas / para llegar a Ítaca/. La insularidad y el viaje como tema de fondo, *y el agua siempre, el ruido del agua, el hombre que camina /con sus escamas /desde la garganta al vientre.* El agua en esta poesía, tan indispensable como en la poesía de Dulce María; pero si en la Loynaz era un agua ronca, un agua delgada y trasparente con sabor a milagro, en Jorge es un agua cercada, dolorosa y con sabor a naufragios. El poeta no se permite ninguna forma del olvido, rememora su isla, los cocoteros que envejecen, los ríos, los himnos, las palmeras.

Ese acercamiento íntimo a la vida que se escapa, donde el pasado se organiza y reaparece, busca confirmar el paisaje por donde transitamos junto a esas presencias que nos acompañan. La vida que permanece contra el abismo y los silencios... los anhelos se esconden */en nuestras vísceras / hacen daño revoletean /son como el horno /quemando la leña /en silencio... El corazón vuela como hoja seca /al desfiladero /de su destino /para cavar su muerte. Adiós /qué / oscura /señal /el camino, / sin mí/.* Estos son diálogos intensos con diversos temas y autores, aproximaciones de una delicadeza perenne, testimonios de reflexiones gozosas o sombrías, de libros y lugares que fueron conformando la cosmovisión del poeta. Lecturas que le dieron las posibilidades de mirar la realidad asistido por una inquietante lucidez, y por esa elocuencia de la simplicidad, síntesis, enumeraciones, sencillez sintáctica y lexical, elementos todos manejados con una poderosa eficacia que lo convierten en un creador genuino. Sea bienvenida esta poesía que edifica, que homenajea y construye, que nos acerca siempre de un modo benigno al origen y los recuerdos. Él construye su isla, la isla de sus recuerdos, y otra Santander que supo levantarse de entre las cenizas. Una Santander desnuda /desde la mar /desde la península /desde adentro. *Una palabra /cruza océanos, cielos, parques, la casa donde anidamos, /los ojos miran, /la imaginación se trueca / los amigos /ingeniosos y depresivos /habitando el tren oscuro /en este viaje /a la semilla de la manzana /que Eliot nos regaló el viernes -que no fue santo-; /pero en él /los espejos nos enseñaron /a mirar las máscaras.*

El poeta que ha sentido la esperanza, se levanta en el poema, escribe: *como un geranio, /un gladiolo /en el acto de la sombra /de lo vivido, con las manos temblorosas, y /el amor que no se extingue.*

Muchachos que no merecí.
La poesía de Mihlo Montenegro.

Todo libro es un descendimiento a ese cosmos interior, un descenso a las profundidades del ser. Y vamos acercándonos, descubriendo que hay en las honduras, en las visiones cerradas del poeta, guiados por la luz de esa poderosa llama que llega a ser intuición. Y vamos entrando en los estadios del alma, donde las percepciones juegan a guiarnos y las emociones más que enajenarnos comienzan a darnos la extraña ilusión de que es nuestra vida, de que son nuestros recuerdos los que vemos desfilar en tropel mientras leemos.

Muchachos que no merecí, es un largo monólogo, el poeta en diálogo sostenido con la vida, con la tradición y consigo mismo, un discurso que se torna muchas veces angustioso por la agresión del acontecer y las circunstancias del hombre; un ser hecho pedazos, desesperado en medio de un entorno asfixiante. Un fluctuar que va desde la resignación a la rebeldía, el poeta en su ansia por revelar su centro. Lo agónico frente a la conciencia de la culpa adquiere una dimensión descomunal. Son tiempos de incertidumbre, tiempos difíciles y de mucha confusión, y hay necesidad de la poesía para aliviarnos. En líneas generales estos poemas son testimonio de la batalla entre el poeta y la realidad, entre el individuo y su mundo. El amor se torna vivencia, es lo imprescindible; pero también *el amor es la verdad más incompleta*, con esta cita que escoge el autor para convencernos desde el mismo principio que hay continuidad y sorpresa. Quiere que entendamos que no todo está dicho aun, y que hay necesidad de esa búsqueda que nos lleve a la verdad, porque la poesía justifica lo incomprensible y lo eterno y en su andar revelará lo que es el amor. Versos que nos acercan dejándonos la huella de un desencanto. Lo inconmensurable del amor es también ausencia. Y vamos con esa impresión de que nada se salva, como si el amor fuera lo frustrado en su esencia, la plenitud perdida, lo incompleto e incontaminado: */El amor ha de tener sucias las manos /golpes bajos /culpa. /Sus mentiras tendrán que pasar necesariamente sobre nuestro espinazo/ /y someternos /hacernos miserables cada día. /El amor ha de ser como un virus que marchite la existencia/* Esa angustiada voz estremeciendo la poesía; la poesía que es el reino donde la vida late con estridencia y alevosía, el sitio donde se dan cita todas las emociones y todas las renuncias; la esperanza, la alegría, la memoria, el dolor, el duelo, la decepción, los desasosiegos, la duda, las incertidumbres o la presencia de los que se fueron.

Estos poemas son como cartas dejadas al descuido, otra tentativa para soportar el peso terrible de la ausencia, del vacío y la desesperanza. Una edificación construida con emoción y pensamiento, sensibilidades, claves recónditas de las cuales se sirve el poeta para introducirnos sutilmente en las estancias de su propio interior, en su mismo silencio desvelado y tocamos el olvido desde ese silencio, cómplices, sorprendidos por la naturalidad con que describe y alude a los hechos que lo rodean. Una poesía que coloca en su centro al hombre y sus conflictos, como si los evocara en una conversación informal e improvisada. Mihlo Montenegro ha decidido adentrarse con voz propia en ese inagotable cosmos que es la poesía y nos narra su experiencia con las palabras: *Aquellas palabras aún ancladas en el aire /corrompiéndolo /acechando como mariposa nocturna.* Para María Zambrano este era el oficio del que escribe: "*Salvar a las palabras de su momentaneidad, de su ser transitorio, y conducirlas en nuestra reconciliación hacia lo perdurable",* El anhelo de comunicación, el secreto que quiere compartir el poeta, sus obsesiones, todo juntándose.

Y no puede callarse, la necesidad de expresar ese deseo de vivir sin restricciones entregado a sus pasiones, la necesidad de salvaguardar la memoria aunque diga: *No he de arrojar al viento palabra alguna —inútil es mi voz—;* y habla el poeta en nombre de esas sórdidas criaturas que coexisten —irremisiblemente—, criaturas en su condición de excluidas, habla por la mujer estéril: *efigie que resume la historia de nadie, el recipiente infecundo donde fermenta la vida.* Y habla por todas: por la *mujer sedición/* la *mujer fracaso/* la *mujer desengaño,* nos deja un grito ansioso y desesperado, un énfasis demarcando las distancias de la poesía, en esa visión ordenada de su caos íntimo, unido a la simulación, esa actitud de desaliento que acompaña el dolor de vivir en una sociedad intolerante y represiva.

La palabra nos entrega un mundo disperso y fragmentado donde todo lo que nos toca es sufrir y padecer, desde la amargura y desde las frustrantes experiencias surge esta poesía intensa y plena, poesía del acontecer, de un profundo intimismo, encontramos cierta ironía, se vale el poeta de cierto cinismo para declarar la realidad a veces conmovedora, y a veces trágica en la dolorosa consumación de los destinos humanos.

Pero lo terrible no es el vacío
la pérdida
sino esa constancia

del tormento
la punzada en la piel
y el sobresalto

como si permanecieras
vivo
intacto
todavía.

El conformismo añade un toque indistinto a la crudeza del desamor. La indiferencia y la aceptación juegan su rol para acentuar el sentido de pérdida:

Tú estarás aquí
en el hueco de mi ser
existiendo
creciendo
a pesar de todo
como la muerte.

Y ama el que escribe, ama con las vísceras, ama con sumisión, ama en estampidas y es allí donde aparecen los sonidos ruidosos que provocan un sorprendente letargo en el lenguaje, donde los frenesíes, la apetencia de sus instintos, los delirios de sus fiebres, su imposible, dejan una reminiscencia asoladora y como telón de fondo la perpetua puñalada de la soledad.
Sentimos con fuerza la perplejidad de las palabras en el andar de todos los días, en ese recorrido por los parques de siempre, lo acompañan sus miedos, sus insatisfacciones. *"Esta juventud que ha comenzado acuciosamente a podrirse* como un animal muerto *a la intemperie".* Y tiene la palabra, el verso para palear esa tristeza, los poemas de Loynaz que guarda celosamente como herencia. La poesía es esa figura evanescente y pura, esa oblicua luz que atraviesa el espacio para iluminar los recuerdos, con ella ha descifrado todos los códigos de la angustia, el poeta en diálogo con su circunstancia,

testimonio del sufrimiento como exhortación a la esperanza. *Para que otros vean fulgores a pesar de estas sombras.* —nos dice—. La visión integradora junto a un erotismo denodado, inician el juego en esa voluntad de ofrendar la palabra. Transparencia, una mezcla de ostentación y sentido que recuerdan ciertos poemas de Witman*:* *"todavía puedo asirme de algunos recuerdos para decir que estoy vivo. Respiro y tiemblo ante lo hermoso".*

Un diálogo que se detiene en lo cotidiano, en las nostalgias, y con total lucidez nombra. No falta el cuestionamiento, la ausencia de un pasado feliz; son las imágenes del deterioro: *mientras los paisajes majestuosos de mi vida van pudriéndoseme en las sienes.* La negación acentuando esa actitud evasiva: *Negarlo todo en un aullido que cercene la fronda del silencio y desmorone los perfiles del miedo. Vociferar un no hasta el delirio, hasta restallar los anaqueles de las reminiscencias.*

Muchachos que no merecí, desborda ese caudal de la poesía cubana que sabe expresar la desazón existencial, el sentido tumultuoso de la realidad, y nos muestra al hombre que soporta y espera, una poética que reafirma su identidad y deja huellas vivas, un testimonio abarcador de resistencia. Poesía que crece a pesar de la poda y el desamor, a pesar de la angustia. Este libro es otra demostración de lo evidente: la poesía es lo indispensable para salvarnos de la distancia y la pérdida, es lo que añade vida, es el soplo necesario, el maná divino que puede hacernos olvidar el caos y lo dolorosa que puede llegar a ser la existencia.

Soles manchados
Aproximación a la poesía de Pilar Vélez.

La poesía de Pilar Vélez tiene la frescura de lo contemporáneo, su testimonio es el de un testigo ocular de nuestro tiempo. La poesía para ella es un *todo* donde busca aprenderse, desde donde puede invalidar el tiempo para disipar la fugacidad de las cosas, para rescatar lo que se ha perdido, y para hacer que las cosas vuelvan. Le preocupa el tiempo, esos tatuajes que deja en la textura de nuestro ser, a veces invisibles; pero que reclaman y provocan siempre una angustia, y una necesidad de expresión. Tatuajes que son la proyección de lo que somos en el interior, que se tejen con nuestra experiencia, en esa búsqueda constante y nos ayudan a encontrar el sentido y la significación de la vida.

"Soles Manchados", son los tatuajes que encuentran para cubrirse, y que son el resultado de la perfección negada a la condición humana; pero que desde la poesía recobran un místico esplendor para iluminar el camino, y para acompañarnos en el viaje. Soles que la aterran, está presente el temor de la autora a quedar entre penumbras, encerrada en la oscuridad de la no expresión, en la nulidad de las palabras. Soles imperfectos, que tratan de ocultar lo que somos, que nos acercan a su sombra maligna, que es muchas veces la mala sombra de los hombres sin espíritus. Soles dañados que ella quiere evitar, porque los ha alcanzado el lodo de nuestra imperfección: odios, celos, envidias, vicios, bajas pasiones. Ella nos dice como en un lamento: *"Ahuyenté de mí, el mal presagio y los soles manchados, que trazaban mi destino".*

Luego en otro poema agrega: *"Miedo de las manchas y las sombras"* – y nos dice, *"al hambre insaciable que se viste de leopardo"*.

Imposibilidad, la angustia por encontrar la palabra para revelar, condensar o recrear la esencia del mundo y darle un sentido a nuestra vida. La poeta necesita olvidar el sabor amargo de las palabras que no logran traducir a plenitud nuestra experiencia. Entonces la experiencia crea un lenguaje. Un lenguaje para balbucear el dolor presente y lo que nos atañe, lo que escribimos de la historia. Repetirnos es nuestra alternativa para volver a lo expresado, para hacer que nuestra vida cuente. Pilar dialoga con serenidad expresiva sobre las cosas cotidianas, y hace que cosas simples signifiquen. En una de las citas que escoge para el libro, Pizarnik nos dice: *"Si afuera hay sol, yo me visto de cenizas"*, Pilar en contraposición con su aptitud advierte, que si hay soles manchados o teñidos, es necesario vestirse de claridad y hacer que la palabra resplandezca, ella *"devuelve virgen el puñado de ilusiones, su tiempo lirio blanco, días huyéndole a la muerte"*. Así su respiración se sostiene sobre la luz. Imágenes delineadas con la mejor sencillez y gusto posible para ayudarnos a ver.

La introspección siempre presente: *Mi alma cristal soplado viaja a su propio laberinto*. Versos que nacen y se mueven a partir de experiencias interiores, que apresan el instante con la estrategia misma del instante para conmovernos. Dialoga en un tono ensimismado, su poesía habla de la experiencia íntima del ser. Esa extraordinaria caligrafía interior con que cada experiencia es narrada. En este libro la autora no toca temas del amor eros, y no es que no le importe, otras cosas le preocupan a Pilar, quiere que miremos allí como si alzara una lámpara. Nos muestra el dolor humano, el sufrimiento, las víctimas, las muchas víctimas del mundo. Ese debe ser el objetivo del poeta *"cambiar la vida"* desde la poesía como pedía Rimbaud, o la propuesta Martiana *"del mejoramiento humano"*. Porque *"la poesía nos da el deseo y la fuerza de vida"* ella siempre avanza, en su poesía sigue la búsqueda de un sentido más humano, íntegro y total de la experiencia.

Son tiempos difíciles, tiempos que necesitamos el perdón y el olvido, sanarnos de tanta dolencia y odio. No hay una vida imaginaria, sino la vida verdadera, esa que tenemos aquí y ahora, donde el hombre sufre, sueña, se desespera, una vida que nos toca reconstruir.

"Nos manchó la guerra", nos dice la poeta con esa carga de dolor, y otra vez las manchas, ahora en nosotros, alejándonos para siempre de la claridad perfecta. Soles tremendísimos y fatales que nos acusan, defectuosos para acompañar al hombre como si ya no fuera trascendental su escasez de luz espiritual. Desde la poesía, Pilar nos convence de que queda mucho por hacer. En su obra, el pasado que intenta recobrar lo próximo, días que vienen vestidos de hojarasca. La poeta deambula en esas horas de los naufragios, ojos sin luz la encuentran. *¿A dónde irán los recuerdos?*, pregunta para responder: *aparecen de la nada en ráfagas de lluvia, sus nostalgias huelen a tierra mojada, vacíos que taladran la existencia*. Tiene el que pregunta una necesidad, porque preguntar es pedir, necesitar, esperar algo. Responder es dar, y ella ha vivido en las respuestas, no se conforma, no espera, ofrece el canto generoso de una conciencia entrenada. Sorprende la armonía de algunos textos en los que evoca a la madre, o a la

tierra añorada: *Madre de ojos quietos/ respiras/ salvada del minuto/ que tocó a la puerta. No hay ojos que atestigüen tu palidez/ y las manos manchadas... Tu paz se ha llevado mis sombras.*

Su poesía lleva un soplo atávico ancestral muy ligado a la tierra y a su cielo donde no está lo tormentoso; pero sí, esa imposibilidad de armonizar con la vida, recordándonos nuestra incapacidad, nuestras desventuras. *"Vagamos en el mapa perdido de la tinta,* nostalgias de cielos que llueven *solo espinas... A media luz la hoguera atiza el fuego con promesas rotas".*

Abandoné mi abandono/ aprendí a caminar las huellas del exilio/ ebria en tu espejismo/ Me enseñaste a esperar estaciones/ para mitigar la amargura del viaje/ Esta es mi parada/ la que me lleva a los días repetidos

Ha perdido para siempre el sosiego de la madre, la tierra de sus anhelos, ha perdido el paisaje, su sombra, el sentimiento de pérdida la acompaña; pero es la poesía un lugar de posibilidad, y de resistencia. Lo sabe, sabe que el tiempo que nos aterra es el que no se recupera y desde la poesía ruega:

Ayúdame a recordar el sonido/ y lo que fuimos/ No hay historia/ solo imágenes que relampaguean/ perdidas en los primeros trazos/ de esta fuente que era el alma

La introspección para saberse, para llegar al conocimiento de lo uno, y para llegar a la comprensión colectiva. Desde su mundo poético trata de entender su mundo interior en su complejidad. *"Enigma soy de mí misma".*

En el poema que dedica a *las damas de Blanco* en Cuba, expresa con una imagen poderosa. *La niebla es reposo, que remienda las noches en la herida.* En su poesía no juzga, ni consuela; pero nos conmueven sus versos y si un poeta logra conmover ya ha cumplido su misión. Ella tiene la palabra: *"La palabra me busca, nos buscamos"*. Ella confía a la palabra sus vivencias, sus temores y aciertos, su resistencia: *"Emigra la palabra en espiral que levanta el grano desgajado de la espiga, la que resiste el clamor solitario de un deseo resignado al golpe"*. Hay en el verso oleadas de aves y palabras. *Nos posamos como garzas sobre los pantanos de la tinta.* Profundidad, vive lo angustioso y desesperante del tiempo y lo que nos alcanza. La poesía es memoria, el poeta trabaja para la memoria, si el poema traduce, podemos reconstruir el ayer. Ella a veces levita en la armonía del milagro.

Y soy honda, suficiente para anclar el verso húmedo a la gota inocente. Otras veces parece dudar, ha perdido la fe:

Ni todas las flores harían la primavera/ al lado de estas lápidas/ recordándonos la muerte...

...Fue roja la lluvia/ en las noches del ultraje/ un lobo cegado por el hambre/ nos devoró al primer disparo

...Recojo tu sombra/ —doblada—/ bajo este cielo amurallado/ inmune a los milagros

La poesía como oficio, como introspección, como posibilidad de adentramiento en lo real, la que nos salva en determinada medida del horror con su benignidad. La autora que reconoce las solicitudes de su mensaje; ella un caminante que encuentra siempre tiempo para volver y que precisa nuestra compañía.

Irse y regresar, el viaje siempre en la poesía de Pilar, el viaje como experiencia, y conocimiento, también como descubrimiento: *Dejé mi cautiverio de larva perezosa, corté las aristas, alcé el vuelo, a esa ruta donde mi otro yo esperaba. Inhalo una arboleda/ soy la forma en movimiento/ ilimitada infinita/ sumida en la armonía creadora.*

Se sabe descubierta, la poesía nos desnuda, es aproximación. Al producir poesía decía Gottlfried Benn: *"No se observa solo la poesía, sino también uno mismo"*. Y descubrimos a la mujer y lo que la hace poetizar. Ese don contemplativo con el que es capaz de levantar el velo de la realidad, y *"vivir la experiencia de la poesía, aunque ella escape a la escritura"*. *Ser armazón en la lluvia/ hada en la neblina/ musa que recorre laberintos / y se mece en los balcones/ cuando el mundo deja de ser azul/ hora en que el universo/ se abre en ventanales para verte Temí el adiós antes de nacer/ temí mis muertes / Ese adiós sin espacio ni latidos/ sin tiempo/ Eras/ ese nudo débil que ata el aire/ un olor a cicuta que espera la partida*

Cerré los ojos/ a los arreboles prestados/ me quedé sin rostro y sin color/ Dejé que el viento se llevara/ la carne y la memoria. Y *"Vamos allí donde no espera nada, y hayamos todo lo que está esperando"*. La poesía que es de todos, y multiplica porque ella es vida.

Ahora es el sol en las calzadas/ el universo jugando en mi orilla/ ventarrón que azota la puerta /y cuelga mis zapatos viejos/ en el tendido eléctrico del barrio / la falda de listones ya no es mía / arropa la intemperie/ Luces fugitivas tejen la primavera.

La poeta nos convence que hay otros soles esperándonos, la voz nos llega con optimismo. La poesía convertida en horizonte donde se queman esos soles dañados, y donde comienzan a nacer otros, los perfectos. Esa es la magia de la poesía, resplandor de pureza absoluta que nos da como ofrenda, nuevas luces en su sabia creadora. En la poesía de Pilar, el límite, la vaya divisoria, el sitio al margen de esos soles, que oscilan entre manchas y luces para acompañarla en su escritura. *Soy una mujer recién salida de la concha, libre para regocijar el tiempo.* Pilar nos invita con cordialidad a que la acompañemos en el viaje.

En el horizonte anclado/ mi verso de manos abiertas/ te espera

Seguimos al poeta en esa promesa de continuidad de la vida, en esa expresión humilde de la belleza en el mundo. Eso es lo que a la poesía le interesa: la vida.

Hay mucha vida esperando. La poesía seguirá alimentándose de realidades llenas de futuro, ella aguarda para ser revelada, y se expresa y manifiesta solo a partir de la vida. La poesía que es vida nos espera, con su himno generoso y su dádiva de paz.

Soledades compartidas

Una aproximación a la poesía de Carlos Gualpa.

Soledades compartidas de Carlos Gualpa, es un poemario íntimo que recoge la mirada del poeta deslumbrado por esos visillos de luz efímera que acompañan al hombre. Él, uno que admira, canta y siente la belleza en toda su inmensidad. *Mientras la tarde rueda un sol de nostalgias*, los versos de Carlos crecen bajo la sombra que muchas veces los alimentan, y fluyen desde el corazón, versos que buscan con avidez encontrar nuevos paisajes de luz, para extasiarse o para revelar lo que se esconde. El canto muchas veces se convierte en lamento. Lo que desangra y hurga la herida es el recuerdo, la incomunicación, el desamparo y la angustia. El poeta se acerca al silencio y desde allí a la ausencia. En el verso busca resolver esos conflictos interiores agotando sus posibilidades, lo domina la sensación de que entre su anhelo de comunicación, y su forma de decir hay un abismo. Sombras que vislumbra frente a las virtudes del verso, el poeta enfrentado en lucha insistente, porque siente que la palabra poética tiene que atravesar una frontera, una sombra mayor para poder revelarse. Él, es el que canta al amor desde la benignidad del recuerdo.

Poesía de contrastes, una poesía que oscila entre luz y sombras, una unidad de contarios para exponer su experiencia poética y para entregar un diálogo ininterrumpido y una pulsación auténtica. *Busco la luz ciego de sombras*, –nos dice–. Luz y sombra, como las dos caras de una misma moneda, en correspondencia, sombra y no oscuridad, la sombra no es lo completo, se encuentran entre la luz y la oscuridad; aquí, apenas un limbo intermedio donde se oculta el pasado y los recuerdos.

Soledades compartidas es un libro que precisa nuestra compañía. Busca al lector para hacerlo partícipe, el poeta va en ese intento por afirmar que todas las soledades pueden acompañarse. Nadie que esté realmente solo sobrevive. En estos versos, hay momentos en que coinciden todas las soledades; la soledad del cielo y la soledad del mar, la soledad de la tierra y la del hombre, todas juntándose, complementándose, compartiendo un mismo lugar en tiempo y espacio. Poesía serena, un despertar temprano, que va desde un balbuceo poético, articulándose, hasta alcanzar un entramado ascendente, que logra rozar lo sublime con un verso certero. La imagen eficaz a veces actúa como un espejo donde el lenguaje adquiere transparencia, ante la enumeración y cadencia de los sentimientos.

Se vive enfrentado a la sombra, el poeta en su deseo de trasgredir, de resistir su circunstancia, quiere ir más allá, no es un conformista, no hace separación entre luz y oscuridad, acerca las distancias desde la poesía. Hay momentos en que luz y sombra se intercomunican y se vuelven inseparables. *Estoy donde me escondo y soy la misma noche* –nos dice–. La oscuridad para ocultarse, la propia oscuridad que es el hombre, la oscuridad propicia para el poeta que sabe que detrás de cada sombra algo está por revelarse. Poesía es búsqueda, ella adelanta siempre, trasciende las barreras para desde su luminosidad, ir descubriendo las nuevas realidades. Nos dice en una de las imágenes más bella del libro: *En la hora inocente del oscuro silencio roto por la lluvia.* El silencio es otra oscuridad y él, quiere desentrañarlo, llenarlo de luces y palabras. El poeta herido va tejiendo versos, con esa voz tranquila de quien sabe esperar. Escribe, mientras va desanclando esa materia que quiere soñar. Apego a lo que ama. Detrás del verso escrito con sencillez, hay una emoción delicada que reconoce el milagro que es el amor. Su mirada sobre el paisaje muchas veces se muda de golpe hacia la experiencia cotidiana. El hombre conmovido y frágil ante la inmensidad, herido por el tiempo y la memoria: *Se vuelve papiro frágil la memoria /y juega cuando el espíritu sangra.* El tormento íntimo vertido en ese canto cristaliza anhelos, sueños y esperanzas. Le atormenta el hallazgo de la sombra, sombra aquí, es también un aislamiento, la imposibilidad de traducir sus vivencias. Lo atormenta la ausencia del ser amado; esa distancia cada vez más larga entre el deseo y la realidad. El poeta busca ser asistido por la luz; pero una luz natural que llegue de afuera para salvarlo, renuncia a estar solo, aunque diga: *Embriagante soledad /maquillada de carencias/ penetra los recuerdos presentes.* Esa renuncia implicada por la ausencia acrecienta el desgarramiento, agudiza el desamparo y le aporta un carácter negativo y desalentador a estos versos: *El ósculo que cuelga: /la vida /debo beberla.* En este libro late la emoción, ríos fluyendo, vuelos de pájaros, un paisaje que cobra fuerza a medida que se identifica con la aprehensión de lo humano. Necesita el paisaje no solo para describirlo o transformarlo en escritura. El paisaje es importante porque está unido a sus vivencias y recuerdos. La costumbre como un resorte para alcanzar la plenitud.

Crisálidas en mis manos descubriendo los laberintos mágicos. Ama y recuerda, ofrece esa mirada a la vida desde la ingenuidad poderosa de la poesía, donde sobresale amada, temb*lorosos preñados de penumbras... En sus ojos profundos envejecidos soles/ verdugos de luces y esplendores... la que va encendida en el laberinto de la sombra fresca.* La rememoración deja insondable huella, la introspección siempre como manera de traer la memoria individual y colectiva. Ese intento de asir el tiempo para disipar el instante y la fugacidad de las cosas. La incapacidad de lograrlo por las limitaciones del lenguaje en sus representaciones de oscuras realidades interiores. El lenguaje que no alcanza a nombrar, la palabra que se oculta, que se pierde en los extensos laberintos de la sombra. El canto prolonga el sentimiento de pérdida. El verso, esa fina línea *donde se columpia el miedo enfermo de nostalgias*. Con el deseo de ser sincero en la expresión, muestra el arte de escribir en síntesis lo que se siente, nos deja el testimonio legítimo de un mundo. En una de las citas del libro nos dice: *"Allí donde no alumbra la luz, tal vez alumbre la sombra". Sombras como nubes cortadas por el filo del sol, para intimar; sombras que son el reflejo de su cuerpo muerto. Cuchillo que devasta, ángeles, en su gemido animal.* El sol por salir, la disolución de la muerte que es otra sombra. Pero si la muerte es otra sombra, también la poesía, en ella está lo impreciso, lo vacío de claridad, lo inefable donde la luz no se refleja, y es también, un agujero negro, una profundidad, un hoyo insaciable y devorador de energías y soles. Y aunque en esa carencia de luz y hermetismo viva la poesía, ella no se conforma con ser enigma, siempre seguirá revelando, seguirá en su paso, avanzando hacia la luz y hacia los espacios abiertos. Ella corre hacia lo vivo en ese atisbo del verso perdurable.

Eso es lo que busca y hacia donde se extiende porque la poesía es vida. El enigma es el tiempo, las palabras quedan sobre las huellas, las palabras son otro modo de alcanzar lo perdido. *La presencia de tu ausencia*, esa paradoja que acompaña el libro. Una ausente que está, que vuelve, que siempre vuelve en el retorno que es la poesía. *Fantasma de sangre blanca impalpable bruma /tus manos acarician la sombra del deseo*. La palabra para configurar la multiplicidad de afluentes en el orbe poético. La mirada del poeta victimado por el olvido, la descripción de su soledad apunta no hacia lo individual y la incomunicación de su vida, sino hacia el desamparo de todos los hombres. La ausencia colectiva, ese dolor nuestro compartido.

Herederos de la imperfección, padecemos la paradoja de una deuda involuntaria que adquirimos, todos los hombres hermanados en la soledad y la angustia. Su soledad es la nuestra. Todos estamos heridos, todos hemos perdido algo y eso es lo que nos une.

Manantial no bebido es mi sangre –Nos dice–, */hendidura fresca y silenciosa. Hay una invitación aquí a encontrar esa comunión conciliadora que hay en las palabras.* Versos fluyendo como ríos de aguas fresca, con esa necesidad del agua de unirse y compartir un cuerpo y una hondura. Si para la Pizarnik: *La rebelión consiste en mirar una rosa hasta pulverizarse los ojos*, para Carlos Gualpa, la salvación consiste en mirar la luz hasta cegar las visiones oscuras y sin esperanzas que mutilan al hombre.

La poesía pide soledad, pide la esencia solitaria del ser que la manifiesta para adsorberla; pero también estará poblándola, llenándola de seres y presencias. Compartir soledades es otro anhelo del que escribe, la tuya y la mía, la de él y de todos. Sumar, reconocernos, aproximarnos. Y la poesía nos estará acercando siempre, porque ella es permanecía; ¿pero, quién está realmente solo? La nuestra, es una *soledad tan concurrida, llena de nostalgias, de rostros y voces, de adioses...* Poesía que vence el tiempo de la ausencia y de la muerte. Para Carlos Gualpa nuestra salvación está en el verso, y en el intercambio de experiencias cotidianas, porque esa es nuestra acción vital y consoladora: compartir.

PAS DE DEUX. Un follaje de luz entre las sombras

Cuatro voces, cuatro miradas y un mismo intento: poetizar la vida, eso es *Pas de deux*. Impulso, aproximación, desborde, un libro que une y celebra esa corriente de simpatía entre creadores de la que hablara Octavio Paz, una propuesta que cumple la profecía de *Lactreamont*, y una de las tentativas del surrealismo: *La creación poética colectiva*. Paz creía, que a la manera del agua que se extiende en círculos concéntricos, nuestra conciencia debe extenderse en oleadas sucesivas de asociaciones. El crecimiento múltiple, la singular exploración poética colectiva, esa entrega de voces asociadas a las palabras de todos, es una de las tentativas de este libro. Diversidad de imaginario emocional, lingüístico y referencial. Una polifonía de sentimientos y una misma invitación a vivir la poesía. Palabras vaporosas e intensas, de hechura múltiple y prolija, de una vibración sonora recurrente a la nostalgia, de una autenticidad que hay que alcanzar para lograr la plenitud.

Un volumen escrito y organizado, un ejercicio que fue hilvanando semejanzas y disparidades, hasta la recopilación de un texto único que intenta ofrecer una panorámica del quehacer presente. Cuatro colecciones de relatos y poemas. Cuatro disímiles visitaciones a los estadios del verso que se enrama y discurre hacia lo elocuente del discurso y la experiencia de lo real y lo leído, que alcanza sin artificios estilísticos, su dignidad mayor: *El arte de cincelar con honradez y concisión toda experiencia humana*. Donde la expresión poética se une a lo que ama y admira, para dejar en el hombre entrañable huella.

Y abren el libro *"**unos versos de infinito sobresalto**"* una poeta joven, Lizzete Espinosa:

La compuerta se abre
y no atino a moverme
mis pies que se han olvidado de andar
sin el peso de los miedos

Emocionalidad profunda, el oído atento a la angustia del hombre, a la batalla diaria. La nervadura tenue de la luz que se disgrega y la secuencia verbal que sube y desborda, sorprendiéndonos. Imaginación compositiva, su línea lírica, el enramado de versos que se extienden y fluyen desde el corazón y busca con avidez los reencuentros.

La oscuridad como telón de fondo para ocultar la otra que se pierde. El anhelo y la nostalgia. El recuerdo de la ciudad y el abandono del padre, que ha quedado atrás. La Habana como la Jerusalén perdida, la ciudad que se llora desde el exilio. Doliéndole en el recuerdo, la ciudad donde quedó el padre: *La Habana /donde duermen /Padre, tus huesos*

Se sabe que si hay algo peor que la muerte, son los remordimientos. Y si hay una piedad que puede defendernos de la muerte, es el olvido. Si el poeta olvida, podrá vivir. Pero vivir en ese sobresalto con los recuerdos que lastiman, conciliar la culpa no es nada fácil, solo la poesía puede ayudarnos, el poeta puede o no refrenar ese sentimiento, puede o no aprender a vivir con él, pero será un ser siempre mutilado. El olvido como una virtud esencial, liberadora, con un protagonismo único por excelencia. El poeta que aprende a olvidar es el que sobrevive. No es el olvido total, no, es esa enajenación paradójica del olvido que hace algo distinto de la memoria.

La poesía nos alivia, la inconciencia de un pasado que para casi todos no existió porque no hay recuerdos. *"No hay memoria del ayer"*, nos dice el Eclesiastés y *"nadie puede contar lo que falta". Lo que ha venido a la existencia fue, y lo que fue, ya no es.* Si hay distancias que nos alejan del pasado, hay también una manera de acceder siempre a los recuerdos. Hay memoria y hay una confesión. Y como una terrible paradoja *"lo que no fue"* vuelve y nos lastima. Y es que no hay pasado, porque la poesía tenga el nombre que tenga está en presente siempre, en ella y en contante novedad el hechizo de las cosas sin ayer: El mar, la luz, la lluvia, las estaciones, el cielo, la infinitud. Si existe el tiempo, entonces existe la esperanza. El verso reencarna el pasado y nos lo devuelve. No los declara Lizzet, *"Naciendo en otro día"* –nos dice–: *Volver a nacer*, el renacer eterno, esa posibilidad de vivir muchas vidas, de ser otros. Esa posibilidad infinita de recomenzar siempre.

Ella desvestida de ritos y palabras logra comunicarnos la efervescencia de su mundo interior. Se va el verso a la naturalidad de lo vivido convertido en imagen, y son las imágenes del silencio y de la contemplación.

Y mojarme los pies en el
frío alarido de la tierra
recorriendo despacio sus
senderos de duelos y postigos.

En el verso la presencia del poeta en diálogo con la memoria, el poema se convierte en testimonio del suceso y de la búsqueda.

El poeta que padece y sufre y rememora desde la desesperanza; pero no se queda inmóvil, adelanta vigilante, soportando el dolor y la pérdida.

En el verso la resistencia, el vislumbre de otro tiempo y otra herencia. En sus textos el mar como símbolo, un mar que crece y lo acopia todo, luna, ola, y una fina línea melancólica. El verso evocando el sonido puro y la fuerza del mar que la despoja. En el verso, la inconciencia y el mar, todo reunido en él, lo más sutil y lo tremendo, lo irrefrenable. Un mar /*Vertiendo en la acritud de su angostura, el tibio amanecer de mi naufragio*/ Un golpe de ola, una cadencia de sentimiento que exhibe con humanidad y destreza lo que la advierte o sacude.

Un mar que vuelve solo
a sembrar en la orilla
su cruz y su oración

Otra vez la oscuridad para acentuar la soledad, /*la luna que es un recuerdo*/ y el verso vuelto sentencia:

Te advierto que arderás
sin más brasa que el propio pensamiento.

La presencia de la muerte. /*A solas con la muerte que cabe en el abrazo*. Pero si Lizzet siente que no tiene escapatoria, la poeta sabe que tiene alternativas, ella convive con la muerte tranquila, sabe alzarse de esa circunstancia, ella tiene el verso, sabe qué hacer con él, para librarse del silencio y del frío yacer.

El verso para otra vez nacer y con ese empuje, gritar. /*Naciendo en los labios que bordean el grito derramado*/ El grito como si quisiera encontrar ese oído capaz de prestarle atención. Y en el grito, el desgarre, la complicidad, el fingimiento.

Hay en lo que se jura

un coro de violines pululando
descoloridas máscaras, risas
dedos cruzados.

Esa sucesión entrañable de sucesos y recuerdos, el espíritu que se une a la palabra para formar racimos de versos, que suben hasta tocar el cielo, hasta rasgarlo con un protagonismo y sensualidad única. Y sube su espíritu coagulado en letras, ese manojo de versos suyos donde el que lee podrá distinguir la madurez de la expresión. Nos ha hecho cómplices, Lizzet nos prepara el camino para llegar a otro tiempo, y a otras voces.

Pilar Vélez, **"busca entre los fósiles los fantasmas"** los testigos de sus visiones y compañeros de juegos. Nos acerca a la infancia con logradas imágenes. *La niña saltando y jugando a la rayuela, el frasco boquiabierto sin luciérnagas, las cintillas y un mechón de rizos sueltos, la lagartija púrpura en la almohada, la muñeca tuerta escondida debajo de la cama...* Y vamos en esa posibilidad de la lectura, animados en esa participación. Y son también mis imágenes de infancia, el poeta logra penetrar mi mundo y mis recuerdos, y esa es la virtud del verso, ir más allá de los límites temporales de la existencia y lograr una aproximación. Versos que nacen y se mueven a partir de experiencias interiores, nos envuelven como en un soplo de luz divina. Versos que nos apresan con la estrategia misma del instante y nos conmueven.

Rilke decía que para escribir *un solo verso no basta tener recuerdos, es necesario saber olvidarlos cuando son muchos... hasta que no se convierten en nosotros, sangre, mirada, gesto, cuando ya no tienen nombre y no se distinguen de nosotros mismos...* Y ya no se distingue la que escribe, ella nos integra al verso y la obra llega a ser una sola y misma cosa.

Versos que nos atrapan con esa capacidad alusiva y de intencionalidad: *Sacudirte tan fuerte /que se te caigan las letras y el péndulo* En el verso el deseo de libertad, la libertad que es auténtica, cuando el hombre logra sobrepasar el límite que lo tiene confinado.

que el espíritu se goce de tu cuerpo
suelta el cántaro
para que se rieguen en tus pies el futuro

Si para Lizet, *"la luna es un recuerdo"*, para Pilar, *"la luna es una guadaña afilada"*. Esa dualidad de contrarios que logra la poesía, ese contraste siempre entre luz y oscuridad donde la luna es símbolo, y puede tener también múltiples significados.
El recuerdo familiar como una vena abierta a la tristeza, tanto en sus narraciones como en sus poemas. Y se deja halar por la cuerda del verso para olvidar las penurias de la carne desafiando siempre, asegura que el soplo de la poesía le dará nuevas alas a su eterna travesía. Dialoga en un tono ensimismado, su poesía habla de la experiencia íntima del ser, de la sorprendente caligrafía interior con que cada experiencia es narrada. Y en esa introspección se nos entrega:

Ella se pierde en el sonido del agua,
 en el gorjeo de los pájaros
 En el olor dulce de la tierra mojada cuando llueve.

La ruptura del diálogo, el acallamiento, versos que se alzan del silencio, hasta tocar el vigor más elocuente del silencio en una sola nota:

*Y lo que queda de mi cuerpo
recogido como oruga
en un caparazón de lamentos acolchados*

¿Y yo? Interroga en uno de sus poemas, y nos íntegra al diálogo:
*Olvidada del mal tiempo
se aferra a los zafiros
desertores de la noche
que asoman como luces de bengalas.*

Y responde: *"Yo sería uno de esos pájaros sin regreso"*

*Sobre ti cae la escarcha
las estaciones del futuro
y los molinos de viento
que nos borran el rostro.*

¿Y yo? vuelve a preguntar para después responder: *Yo me apego a tu mástil fatigada/para que no me arrebate la ola.* Ha aprendido a beber en las aguas quietas de la poesía

"En busca de la nueva poesía" la poeta nos dice: sombra de grandes poetas. Su pasaje afectivo hecho para la comprensión ágil de lo intuitivo, nos toca su verso trasparente, sin rebuscamientos, ni alardes entonacionales, fluye hacia la naturalidad de lo vivido. La eterna travesía, el viaje siempre como una alternativa del poeta, y el regreso siempre como una iluminación. /*Nudos azules que unen la llegada y la partida/ /líneas rectas que resultan transversales entre las cortas y largas travesías de mi vida/*. La que aprende *"que cada día es una despedida",* teje sus versos con un sentido de urgencia,

revela al observador capaz de comprender las miserias y debilidades humanas, y nos hace reflexionar sobre situaciones de nuestro tiempo. En Pilar la expresión de una realidad sopesada y tamizada en la reflexión, donde el tema de la poesía acopia su preocupación primaria. Le asombra más que nada la apatía y el desinterés por el arte, que cada vez haya menos lectores de poesía. En sus reflexiones *¿Cómo detener al ser humano del milenio, en una civilización como la nuestra, para que disfrute de una poesía o haga un alto y medite acerca de una metáfora? ¿Cómo "venderle" al consumidor la idea de que no compre la revista de farándula o de dietas, y que invierta, en cambio, en un libro de poemas, aduciendo que la poesía despertará nuevas facetas en su manera de pensar o sentir? ¿Será que le interesa este despertar, o será que las virtudes que los poetas le atribuimos a los versos ya no tienen el mismo efecto sobre el lector?* Quiere motivarnos, nos señala el camino, nos dice que hacer, reflexiona por nosotros: *Hagámosle un nuevo agujero a nuestros bolsillos rotos, para que la poesía caiga libre y jubilosa a la tierra que pisamos. Nosotros, los poetas, leamos poesía, regalemos libros de poemas —y no solo de nuestra autoría—, participemos en eventos de nuestra comunidad y sembremos la espiga de un verso que cautive. En nuestras jornadas de gozo o de trabajo, obsequiemos un verso para que florezca una sonrisa en una persona ajena a nuestra familia y círculo de amigos. El poeta de estos tiempos es un heraldo de su propia poesía. La invitación es a que vayamos al encuentro con el universo que tenemos a los pies... pues está lleno de metáforas inéditas que desean existir. Exploremos sin miedo el universo de otros poetas... y no privemos al mundo de la mejor poesía que todavía está por escribirse.*

Habrá algo que justifique esa despreocupación y olvido, que los poetas no lean a otros poetas. Quizás responda en parte Carl Sandburg en una carta dirigida a Ezra Poud donde escribiría: *"Es de los demonios que a los poetas no les alcance el dinero para comprar los libros que escriben los otros poetas"*. En el verso de Pilar hay siempre una invitación a seguir, y a no detenernos. */Róbale el sonido a esos pasos que se acercan y se alejan/ /Cruza el portón al final del infinito/ el verso señalando al final del camino, a las puertas finales que aguardan al hombre*. Un símil, un verso henchido de una gran sencillez y singularidad, ajeno a todo devaneo estético nos envuelve */Te cuelgan las páginas como un libro antiguo y tu corazón apenas si golpea/*. Y nos dice: */y me rompo en la fuerza voraz de mis hombros emplumados/* con una imagen poderosa, revitalizada. Con un espíritu sereno, poco dado a vanidades y detenido en esa circunstancia donde se enmarca la poesía contemporánea. Recorre los eternos temas del hombre. Sorprendiéndonos ese desgrane de sentimientos, a través de versos de entonación y justeza. Para que nada nos sea ajeno, /ni el campo rasgado de trigo hambriento/ ni las ciudades con su abulia anestesiante, ni la basura flotando sobre la isla. Nos lo ha dicho Pilar: */Una única manera de sangrar son los recuerdos y mi memoria es el más fino perfume/* y otra vez */El polvo no grita/* El lenguaje y la afectividad nos acercan. El verso le da alas, pero ella no se engaña, sabe que es efímero el destino *para un pájaro con las alas ancladas a la tierra.*

Lo cotidiano para encontrar lo sensible, eso es la poesía de Shely Llanes, la introspección para encontrar al otro, la vida para llegar a la poesía, los versos de Shely se detienen en sitios y sucesos que la conmueven, todo lo que está a su alrededor, unido a su experiencia cotidiana, ella va desde lo simple, desde lo insignificante, hasta lo más hondo y significativo. Todo sorprendiéndola y lastimándola; el abandono, la pérdida, el dolor del otro. Versos llenos de humanismo y cubanía. Shely */coronadas de ojos avizores/, fieles testigos que rememoran bajo la luz de la luna, citas, nupcias rotas, el abandono, las huellas de un destino.* Ojos atentos a la angustia diaria del hombre, versos que en esa levedad descriptiva tratan de encontrar a la vida otro sentido. En su poema *"La cita"* nos dice:

Agua muerta, lánguida
palidece la tarde
esperando la luna
de nuestro invierno...

No hay símbolo, la luna es luna, y al mismo tiempo, luna de invierno, que evoca la soledad real, una luna mortal, finita. *Un agua muerta que refleja la luz de la luna. /Lloran los árboles sobre tus manos/ /Con el sol desgajándose a través de mis dedos/* dos bellas imágenes que nos deja un sabor amargo y un sentimiento de pérdida. Pero Poe decía que la melancolía era el mejor de los tonos poéticos, y estaba en lo cierto, esas imágenes nos mueven, nos gusta el estado de ánimo que provocan. Y seguimos cómplices esa mirada del poeta. Ojos que se detienen con morosa mirada sobre el paisaje, */Palmeras que gimen con un susurro rítmico, lento/ dando sombras al* agua/ En líneas rápidas avanzan los versos de Shely, siempre llenos de emociones y sin protagonismo formal:

Ola que rompe contra la roca
que se yergue como un reto
al amanecer

El recuerdo otra vez lastimándola, el ayer viciando el verso con una nota triste:

Aquel aroma que perciben mis sentidos
todavía embotados de tu aliento
aquel aroma que me sigue
Sangra mi corazón ¿Cómo se cura?

La curación está en la poesía, ella lo sabe, conoce el proverbio sagrado: *"Muerte y vida están en el poder de la lengua"* Shely encuentra una solución /*busqué las palabras aprendidas*/–nos dice– El sentido de la búsqueda le obliga a disolverse en las palabras de los otros, las lecturas que fueron descubriéndola, las palabras que son como piedras encendidas saliendo de su boca. La personificación en sus poemas, /*El recuerdo que es un lobo hambriento y aúlla, cercando a su presa*/ Emoción delicada, unida a la existencia, que tiene plena conciencia de esa maravilla que es la poesía. Sin rebuscamientos, ni alardes, su expresión poética fluyendo hacia la naturalidad de lo vivido, y sus palabras son meros soportes sin alardes estéticos, ni formales, pero que se convierten en fibras latentes del recuerdo: *Has dejado mis ojos tristes /y mis ojos cayendo en agonía.*

La cercanía humana al ser. Las singulares motivaciones, la conciencia altamente espiritualizada, y nos encontramos con nosotros mismos, con nuestra verdad humana, el llanto, el suicidio, la mujer abusada, el joven muerto. *Y llego sin alas, libre /ligero en un jardín de luces /donde no existe el tiempo*. Para Shely la poesía no se distingue de la vida, ella sabe que son inseparables.

Semblanza y pluralidad. YiYa Ortuño se sabe poeta, ha comido del maná sagrado de la poesía. El pan y la espiga nutricia del verso, alimentándola, robusteciéndola, *la letra que sacude raíces y es madre de todos los cantos*. El verso le da voz, una visión sana, y una sensibilidad de alta temperatura. La voz intensamente íntima y esas búsquedas expresivas unidas al canto, evocan a un Walt Whitman entre los poetas norteamericanos y a un Samuel Feijóo y una Cleva Solís entre los poetas cubanos. Y es su poesía un canto de comunión con el universo que celebra la vida y la naturaleza.

En ella la pluralidad, /*mis almas gemelas*/ –nos dice–, las muchas que hay en ella /*la que encuentra unas veces en Segovia y otra en las calles de Toledo,* las que se han ido a recorrer el mundo. Todas cantan al unísono, ninguna desentona. Semilla ella, nos dice: *así, tuve hijos preñados de cantos / Subí por el hilo dorado de la vida*. Y canta con infancia de isla, con aire de semilla, con *trueno de gacela que busca germinar*.

La poeta continúa con profundidad creciente y con un lirismo impresionante:

Quiero cantar minutos de paloma
Con olor a espliego y amaranto
para que desangre el humo,
su ceremonial de trigo,
Y pinte escarlata el vino de la tierra

El verso nos alcanza, la expresión poética de Yiya, y vamos oyendo como diría Martí; *"con las palmas abiertas al aire, el canto de las cosas"*, un canto que justifica al hombre, un canto de esperanza. Llega por la ruta inmortal del pensamiento con sílabas de cristal, la intuición florece en dedos que pulsan espacios ignorados. Imágenes visuales llenas de colorido, cohesión, transparencia, con una musicalidad y un dominio del canto, /*Con la voz secreta del agua despierta*/ su canto individual alzándose sobre el paisaje emocionante de su tierra, sus versos no son la descripción vana y pintoresca de un paisaje, sino que son los pedestales de un lirismo vital que se levanta para alcanzar una estatura que está en armonía con su entorno. Ella parece estar incorporada siempre al paisaje, su ideal se vuelve sensorial, y la mirada del lector al descender para acercarse se irá extendiendo en altura, anchura y profundidad en el verso.

Yéndose por los causes, por los barrancos lacerantes de los días con un sentimiento de impotencia confiesa: /*Se me está yendo la vida por la arteria sin nombre del recuerdo*/ Poesía vívida, experiencia poética revelada, es una invitación a la contemplación y a admirar la naturaleza. La plasticidad simbólica que alcanzan sus versos y el magistral dominio de la imagen hacen de sus textos un friso significativo. *Los sueños azules de gigantescos mirlos/ desperezan las montañas/buscan horizontes vírgenes /* forma unas de las imágenes más bellas del libro.

Versos de una elevada arquitectura, estremecida de disímiles matices, que despliegan las palabras como un lienzo aéreo, busca al lector detenido, ese que precisa la poesía, para que la acompañe en su viaje, /*Su agua secreta inunda el alto vacío de los dioses/ El alba tiene corazón de espuma, Su llanto, húmeda luz se pierde, Como un cisne que al anochecer Desangra su orgasmo primaveral.*

Benignidad, sobreabundancia, el amor a la tierra, la naturaleza como una extensión profunda de sí misma, ella es un volcán de sentimientos, por su lava poética somos arrastrados, seguimos sin voluntad reconociendo el vigor del verso y su extraña fiesta.

el verdor de los apios
despierta la memoria anunciada
Y todo lo que amo reverdece

El encanto de estos versos, la fluidez es lo que nos lleva, y un poema nos conduce directamente al otro:

Un aura tierna, como lino crudo /Envuelve un arcoíris de silencio.
Entonación grave y un dominio de las estructuras sonoras y visuales, el deseo de ser sincera en la expresión, el sujeto lírico es siempre una voz que somete a la contemplación a una profunda elaboración de un mundo que establece el equilibrio entre lo personal y lo colectivo, un mundo que está a la vez lejos del dolor y las cosas horribles, lejos de la amenaza que padece el planeta.

Ella recobra un paisaje paradisíaco y no los entrega. *La tarde cuelga del crepúsculo marino.* Imágenes que siguen ramificándose, *versos que estallan como un sauce de agua. Y un día cae, diluido en los balcones de la espuma.* La lealtad descriptiva de lo que avizora con los ojos cerrados, tratando de llevar el enigma a su insondable sentido. Con emocionalidad profunda y riqueza verbal va tejiendo sus versos. El triunfo artístico está en el sentido de la cadencia, se desplaza a través de versos de entonación y ritmo. *Ojos llenos de olas/sueñan pájaros de cristal.* Sigue el compás, la armónica del verso, una música llena de sobreentendidos, el canto dueño de sí, enmudeciéndonos. *La luz verde del rocío silbando /Arranca las perlas al día /Versos que atan con aroma mis voces de pan /Versos que fermentan bajo la levadura de la emoción y el* sentimiento, como diría la poeta: *"En busca de un follaje de luz entre las sombras",* así han de ser leído estos versos, captando toda su fuerza y volumen y su incontenible sensibilidad.

Invito a los lectores a que nos acompañen y disfruten de esta colección de poemas y relatos breves, cuatro voces disímiles unidas por la poesía y recogidas en este libro: *Pas de Deux.*

Y sobre el pino la estrella

Aproximación a la poesía de Doria García Albernaz.

Aquí estoy para vivir, mientras el alma me suene, con esta cita de Miguel Hernández, Doria García Albernaz se nos presenta en este poemario *Y sobre el pino la estrella.* Como si de eso se tratara; de vivir, de esa necesidad de vivir a pesar del dolor y la ausencia, a pesar de las distancias y los recuerdos.

Y sobre el pino la estrella es un libro de nostalgias y desencuentros, es una suma de instantes y soledades. Donde el poeta construye sus versos desde la ausencia, desde la desolación presente, hay siempre en el verso una rememoración. Ella es la que recuerda, unas veces para no olvidar y otras para salvarse. Sentencia: *Lo olvidado y no enterrado, resucita.* En esta compilación de textos, encontramos ese deseo humano por completar la batalla del día a día, en esa lucha desigual el poeta acepta el reto. Hay mucha desesperanza, el mundo es un triste lugar y la poesía salva de tanto horror y de tanto hastío.

En líneas rápidas fluyen estos versos y nos revelan el mundo de sensaciones y búsquedas de la autora, el ser siempre entregado a las preguntas. Nos narra la vida que se debate entre lo difícil de la existencia y la angustia. La memoria del abandono está siempre presente, lo que dejamos, el país es siempre un doloroso recuerdo. A Doria le duele su país y desde ese dolor trae sus versos. Fiel a su mirada, mientras se detiene en sitios y sucesos que rememoran su vida:

Quiero besar la tierra
que me dio vida.
las noches en que la luna

penetraba por mi puerta
Quiero volver a mirar
El columpio bajo el árbol
y sobre el pino la estrella.

Edifica versos con el paisaje natural, un paisaje que quiere rescatar y perpetuar. El poeta no puede desentenderse de su entorno, la familia es vital en su significación de cotidianidad y resistencia. Llama la atención que sus versos oscilan en un contraste casi armónico, entre desamparos y alegrías y entre el abandono y un cierto entusiasmo de vivir.

Es la suya una poética del instante y lo inmediato, donde se entrelazan imágenes despojadas de adornos o excentricismo. Versos con un sentido íntimo y social, donde se juntan realidad y palabras, donde todo es espera. Hay implícito un fracaso, un imposible, una perenne melancolía. La voluntad es insuficiente, Doria lo sabe. Nada se puede contra el paso del tiempo. Todos perdemos algo, todos seguiremos heridos. Las cosas que se van jamás regresan porque el pasado es irrecuperable. Doria se hace eco del sentir borgeano: *El pasado me acosa con imágenes,* y sí, son las imágenes del recuerdo lo que anhelantemente quiere expresar en sus poemas, poesía que es a un tiempo una alabanza a lo más noble del hombre. Que alcanza las más cotidianas expresiones, más allá de entelequias y valores establecidos. Poesía del deseo, del hallazgo y al mismo tiempo de la búsqueda de un espacio en la memoria donde desea agrupar a todos consigo misma.

Escribe una obra de tonos uniformes con imágenes dispersas, el amor que siempre resiste, la cotidianidad y el recuerdo familiar. La realidad en Doria no es compleja, la poeta no tiene pretensiones, el verso exalta la sencillez y la belleza de lo simple. Aunque lo que ignora, eso es lo que busca poseer, ella es una que contempla ensimismada la creación; pero que no puede permanecer en silencio.

Poesía en el fluir natural de la vida, en ese contacto desnudo con el ser de las cosas, con el yo íntimo. En la poesía nos encontramos y nos desconocemos.

Soy
esta soy
y sin embargo
aun no me encuentro.

En su poesía, el reloj, el mar, la luna, el calendario; son símbolos con los que pronto nos identificamos. La luna es símbolo; pero también es una sombra más.

La luna que es una lánguida sombra de mi vida.
Bajo esa sombra me gusta columpiarme.

Otras veces establece una separación: *Mi sombra y yo* como si se tratara de dos entidades separadas y distintas, dos que han venido a reunirse en el poema, dos que cantan al unísono. Esa forma de llegar al verso con imágenes que la escogen a ella, la exaltación de la naturaleza, el verde y sus palmeras, la isla de sus desvelos, todo como un resorte para apoyar su discurso poético. Doria se regocija con su entorno, la poesía la reconcilia, en diálogo consigo misma escribe, el simple estar, el tema de la fugacidad, el tema de la vida y de la muerte. Ella una que nombra en lo innombrable y amargo del recuerdo.
Tropezar contra sí mismo resulta en la peor de las caídas. Habrá que creerle al poeta, desde su experiencia nos revela y es la experiencia de la poesía. La introspección es un arma y es un

modo de conocimiento. Nos dice además: *temo a mi sombra cuando choca contra mí, haciéndome pedazos*. Vuelven las sombras, las malas sombras que no solo detienen, que también terminan desarmándonos. No hay batalla por encontrar las palabras, las cosas han sido dadas y se le ofrecen, ella no busca ese sentido trascendente, el anhelo de comunicación puede ser en ocasiones angustioso; pero ella lo supera, mientras espera paciente que las palabras la sorprendan y entonces cuando aparecen, son destellos con los que logra narrar su mundo poético.

Lo efímero es el sol, –nos dice Doria–, testimoniando que hay continuidad. La asiste ese sentimiento de humanidad, esa conciencia y empatía con los que sufren. *El mundo se conoce por el grito. Algún lugar del mundo tiene un llanto constante.*
Está en su poesía la presencia de los otros, aunque diga, *yo misma hile el ropaje, que enciende y me acompaña*. El deseo de encontrar un futuro para el hombre y otra realidad, es una posibilidad que solo la poesía le ofrece. Todos hermanados en el dolor y la pérdida. Todo un mundo que se deshace sin esperanza, pero es en la poesía donde renace la fuerza de vida, aún en la más terrible de las soledades. El verso puede redimirnos de tanta angustia, nos da esa ilusión de vida y libertad.

Doria nos invita con este libro a recorrer la distancia entre dos tiempos. El tiempo de llorar y el tiempo de reír, el tiempo de plantar y el tiempo de recoger lo plantado. Ese tiempo otro donde nuestro espíritu brillará y donde descansaremos de la marcha. Sabe que la poesía es de todos y que nos acompañará en nuestra triste desolación para ampararnos. Eso es la poesía para Doria: Un amparo, *un bosque de latidos y esperanzas. Un mar, un triste mar para recuperar los sueños que se pierden en la herida.*

Del otro lado del sol. Doria García Albernaz

Del otro lado del sol, un libro que nos trae de un modo recurrente la nostalgia. Del otro lado, *la Isla que llora sus náufragos sin nombres. Soles que no se gastan /siluetas sin sombra en un vuelo detenido/ silencios difíciles que mueren en la noche. ¡El místico olor a los naranjos!* Imágenes que ahondan el sentir de la escritora que desde su propio yo íntimo y recóndito, va adelantándose para recoger instantáneas con una mirada tan personal. Ya he señalado que en la poesía de Doria, la memoria del abandono está siempre presente, lo que dejamos, el país es siempre un doloroso recuerdo, porque desde ese dolor escribe, fiel a su mirada, mientras se detiene en sitios y sucesos que rememoran su vida. El deseo de encontrar un futuro para el hombre y otra realidad, es una posibilidad que solo la poesía le ofrece. Porque vivimos batallando contra lo paradójico e irracional que tiene la existencia, contra los malos días y las decepciones, contra la muerte y la ausencia, y sí, también contra la vida. Siempre luchando porque la poesía es eso, lucha. Un camino de resistencia que se extiende ante nosotros. No importa el dolor, ni las vicisitudes, aceptamos nuestra tristeza. Incluso desde la tristeza, resistimos. Porque sabemos que sin tristeza tampoco habría poesía. Hay necesidad entonces de traer un poco de belleza, alguna claridad que alumbre un cielo lúgubre y acalle el sonido infernal de la guerra y del odio, hay necesidad, –Doria lo sabe–, por eso prefiere el canto, busca citar la esperanza para aliviar la herida. Está llena de cicatrices y distancias. Prefiere un mar en calma que no recuerde a los náufragos, ni a los ahogados, pero ella no los olvida, sabe además que la poesía es memoria.

La memoria se llena de atadura, cintas de papel que rompe el viento. –nos dice–; pero la memoria es también lo frágil, y es necesario enarbolarla en esa voz de libertad que el verbo encarna. No queremos que nadie olvide por eso escogemos el canto, y ese canto nos hace divinos con todos nuestros escondrijos, fisuras, muros y oscuridades. El mundo se vuelve una urdimbre cada vez más ruidosa y no deja sosiego a los silencios. Sin duda aquí los sentimientos están asociados a la condición existencial humana de desamparo, todo oscila entre lo que dejamos y lo que nos deja. Lo irremediable de las pérdidas que acompañan al hombre. *No bastan cuatro décadas al norte del cordón umbilical de la esperanza.* En este libro a veces entramos en un aire lleno de desencanto, y nos detenemos frente al mismo paisaje. *Allí detrás del arco iris hay quietudes sin llanto.* Del otro lado, *ese sol que también ve morir lejano y húmedo. Humedad que me busca en lo amargo y salobre...* Doria no concibe la vida sin poesía, en el verso va con las manos llenas de gaviotas y un laberinto de espumas sobre los pies desnudos, se siente Alfonsina frente a la incertidumbre y el mar, frente a la ausencia y los silencios siempre. A diferencia, ella ama la vida y escoge vivir, y nos dice que a pesar del dolor, que a pesar de la voz incompleta del vértigo hiriente... *Mañana es la esperanza.* La poesía que es plural como la vida se nos ofrece entonces llena de latidos y soles renovados, también de soledad, *una soledad llena de luces, la soledad que mece el alma /el sillón infatigable del recuerdo.* Doria nos convence que la poesía es retorno, y es siempre una forma de volver, porque desde ella y su esencia bendita, estaremos regresando siempre.

Íntimo. Un vuelo a lo innombrable
Acercamiento a la poesía de Ramón Perdomo.

Íntimo, el nuevo poemario de Ramón Perdomo, se presenta la palabra, justa, reveladora, *apuntando hacia el silencio y la soledad*. Aquí el poeta nos exhorta a seguir el verso en su candor de gota iluminada, nos lleva a descubrir, de qué está hecho el extraño idioma de la poesía, y nos lleva a vivir el éxtasis que encierra ese lenguaje excepcional que conmueve con su verdad esencial. En el diálogo lo que instituye y determina con su respiración, con su sangre, con su sabiduría y muchas veces con su ingenuidad o ignorancia, porque todo ello, como decía Neruda: *es lo que entra en el pan de la poesía.*

Versos donde va abriéndose *la flor de la palabra*, la palabra que es múltiple como la vida, engendradora de mundos y nuevas realidades. Palabras alzándose en el horizonte como atalayas desde donde se puede contemplar el mundo. Palabras que recogen los anhelos y las ilusiones más profundas del ser humano y que son como el hilo que nos acompaña en el camino de ida a lo profundo del laberinto, y de regreso a nosotros mismos. Todo libro es un descenso a ese cosmos interior, un descendimiento a las honduras del ser. Cada texto ha de ser una validación de la individualidad, no importa qué tanto se aleje de sí mismo el que escribe, siempre dejará constancia de su existencia.

La poesía es resonancia, es eco, es devenir. Porque entre la vida y la muerte, entre la soledad absorta de nuestro interior y lo abierto o sin fronteras, entre lo finito y lo eterno, en esa misma encrucijada, donde convergen el pasado, el presente, y el futuro vive la poesía. Poesía para aprehender el ser y la creación, para ahondar en esa inmanencia infinita y descubrir nuevas realidades.

Con la poesía se funda el ser, ya lo dijo Hölderlin: *la poesía es, inocente-peligrosa-comunicante.* No hay nada peor para un poeta que el olvido, ni cosa que anhele más que la perpetuidad. Permanecer, los poetas buscan quedarse de algún modo, colocan el lenguaje más allá del alcance del tiempo, y se olvidan *que la voz pende de las horas muertas,* se olvidan, *del tiempo marcado por el tiempo /del peso de la carne sellando los caminos para dejarnos vacíos y sin memoria. La tristeza es una ruleta /retenida por las penas reencarnadas...* –nos dice el que escribe–, *mi cuerpo no será cuerpo sino efluvio de otros días lluviosos /acicalados de tristezas y lágrimas.* Sabe que está herido; pero jamás abandona ese afán de transparencia presentida, sigue en la búsqueda de una realidad poblada de música y silencios, llena de presencias, y de una absoluta soledad en comunión trascendente con el universo.

Nada es tan veraz
como la palabra surgida en la mudez,
cuando la razón destemplada
se abre a la voz de los sentidos.
Es ahí que la soledad
se hace eco de otras voces
que alguna vez fueron reales.

Escrituras de silencios y palabras que van en su rememoración, con un gesto indomable, sutil, con ese tono nostálgico, revelándonos el drama de la existencia: *Porque estoy más cerca de los cadáveres que las hojas en el otoño... Porque hay heridas que humedecen las miradas y el hombre va con el pecho entre las piedras y ese olor a azucenas olvidadas, para dejar como rastro la eternidad.* Es su vida y la nuestra, son: la ausencia, la partida, los regresos, el sentimientos de pérdida que acompaña al hombre y la soledad tan necesaria como ruta de expiación y permanencia. El sentido de identidad está siempre en el entramado de la poesía, junto a las nostalgias y el deseo de libertad.

El olor amarillo de las culpas rodando /dan la impresión que regreso al punto de partida /donde los huertos eran sangre de nudos ancestrales /y el pan, hechura sagrada de la vida.

El lector que se acerque a la obra de Perdomo, percibirá al instante la unidad de tono. No hay dobleces o simulaciones en busca de un decir abismado o grandilocuente. Se sentirán cómodos, aquellos que busquen la poesía que se recrea en el lenguaje, los que creen o reverencian la imagen poética, los que prefieren el diálogo con la intertextualidad o los partidarios de una expresión más intimista. El poeta con una voz intensa y personal, con sus meditaciones, nos ofrece, no una imagen parcial y tergiversada de sí mismo, sino depurada y verdadera. Estamos hablando de una poesía testimonial, que condensa toda la fuerza expresiva en la disección de un 'yo' único que parece romper el dogma Rimbaudiano de *"Yo es otro"*. El poeta persiste en su afán de ser el mismo, y no se trata de una pose y menos de una impostura, *andar no tiene sentido/si los pasos van /sobre huellas ajenas, ¿Para qué ser otro?* –nos dice–:

Si el designio patentizó los sueños
como ola que rueda en la orilla
sin huellas ni senderos obligados.
Soy una ruta prohibida de las aves

cáñamo que cae al río.

La travesía existencial, resumida simple y simultáneamente en este libro. El poeta en constante desafío frente a la palabra y la existencia, que resuelve sabiamente con esa lucidez de la expresión poética. Su universo lírico está salpicado de abrasadoras imágenes y serenas miradas. *El verso como el viento que quedó pasmado bajo nubes de garzas tristes/ llamándole a seguir un vuelo a lo innombrable... y los años,* –nos dice–, *su fin es reducir el arcoíris en la tarde /llenar las pupilas de horas viejas y cerrarnos los ojos inundados de utopías.*

Los poemas se van abriendo al lector de manera cómplice, el verso logra una aproximación. Aborrecerse uno mismo, es estar sin rostro. Desde una poética confesional y transparente, ofrece la admirable oportunidad de ese encuentro con la cotidianidad, donde a través de la memoria se puede acceder al conocimiento del mundo y de la propia poesía. Hay una invitación en este libro a seguir las voces delirantes, y los espejismos únicos que posee la poesía... *Mientras van creciendo los espacios /deshabitados de aplausos...* el poeta nos anima: pon los *ojos en el alba /en la luna que nos canta /en el sol que nos muerde la piel...*

acude a las horas que te esperan
con flores amarillas en las yemas de los dedos,
así la mancha del dolor
terminará borrándose.
Deja que el pasado sea una estrella fugaz
con ojos llenos de semanas infecundas.
Arroja los recuerdos para que rueden sin rumbo
con su destino al hombro.

*Anda de la mano del minuto futuro
avizorando la sonrisa
filón de luz que se aproxima.*

Si para George Herbet: *La mitad de la vida se gasta antes de que sepamos lo que es;* para Perdomo, la poesía nos salva de la ignorancia, y de la monotonía, su esencia reveladora nos declarará la verdad de las cosas. El poeta confiesa: *si la muerte viene una vez, la vida, igual nace con ella... Sencillamente el camino es infinito /no hay luz al fondo de la vida /porque cada recodo/es un laberinto de tormentos multiplicando las angustias...* Perdomo escoge la poesía, prefiere el verso que va con las manos llenas en su celebración. *Yo, jinete de mil caminos cabalgo al soplo del viento/enclaustrado en una realidad/donde el alma agita la cansada rebeldía.* Sabe que la poesía posee la fórmula sagrada capaz de iluminar y transformar el mundo, y sabe también, que todo lo que se transforma suele salvar su permanencia, por eso escribe:

*Iré entre el polen y las hojas secas,
abandonando la rutina que me estruja.
Las mariposas serán el sendero del arcoíris y mi ser,
seguirá emitiendo versos insondables.*

Acercamiento a la obra de Héctor Manuel Gutiérrez

Hoy que siento que no puedo con tanto viento enemigo, me llega este otro viento de Héctor Manuel Gutiérrez; uno distinto, refrescante, inusitado, amigo. Un cuaderno extraño, con una propuesta similar a la de su libro anterior: *Cuarentenas: segunda edición* —una extensión, me atrevería a decir— siguiendo el juicio de Bruno Rosario Candelier para quien: *"la primera obra de un escritor contiene el germen de toda su obra posterior",* por lo que también creo que vienen anunciados en su ponencia inicial los rasgos principales de su creatividad. Sin duda en éste conserva el tono humorístico, el dato revelador de una aventura vital; conserva los giros y sentidos del lenguaje y ese deseo de conceptualizar y explicar las cosas como él las percibe. En sus tres libros descubro cierta avidez gustosa de narrar acontecimientos trascendentales que el poeta quiere perpetuar. Son páginas testimoniales. Testimonio existencial y al mismo tiempo efusividad ante las cosas del diario vivir.
Cuando el viento es amigo es un libro que trata de encerrar la lucidez de la convivencia; que mira el discurrir, el vacío, y las pequeñas y grandes desventuras de la existencia. Diría que en este acercamiento hay una creíble voluntad de sobrevida, y un deleitable regodeo con la realidad que el autor intenta mostrarnos sin adornos. Allí el mundo enunciado es todo real, donde el entorno social se manifiesta, lo práctico es lo absoluto; donde el lenguaje lexicalizado se impone en la edificación de los versos.

De cuaresma es este viento para traer recuerdos que entibian el alma, sobrellevando angustias y certidumbres, impulsando nuevas esperanzas. Viento cercano que comparte con la tierra, que llena de alivio sus propias hendiduras, que resiste el calor: un viento sereno que incita a la contemplación. Pero —no se engañe el que lee— no es un viento dócil.

Que calma sí, pero también rebelde, que se empeña en llegar a donde quiere, que impulsa, no al animal de carroña que va a alimentarse del despojo, sino al isleño fénix que emerge ileso "forjador de sus propios laberintos". Viento que estremece, que repite los mismos horizontes, que se va y regresa en esa confusión del diálogo; que deja en lo desnudo de la herida una conciliación, —y por qué no—pedazos de silencio: un silencio incurablemente nuestro. Y no es que no haya aquí esos otros vientos que vienen de la vida y de la muerte y que en ocasiones nos sacuden al desnudar las realidades. El viento que suele ser símbolo de destrucción y caos, en este libro llega con una impronta de benignidad, impregnado de sabiduría, de quien aspira a hacernos inteligible la existencia; de quien cuenta con el pasado y con esa cotidianidad que va construyendo día a día. Un entramado jugoso que mezcla los géneros para alcanzar la individualidad de un género que recrea y vislumbra el autor para asombrarnos. Textos refrescantes y renovadores que en su multiplicidad asignan una legitimación a esas pericias descritas en prosa o a través de la sensibilidad de su producción poética.

Gutiérrez sabe nombrar lo próximo, sus argumentos recogen ese estado afectivo hacia las cosas que lo rodean. Sabe lidiar con la enorme carga de sugerencia que hay en las palabras para declararnos sencillamente la belleza de lo real. Sin perder jamás el tono meditativo, aledaño, ensimismado, sin apartar la mirada, sin dejar de mirar directamente a sus semejantes en sus escenarios habituales. Escribe en concordancia con la realidad que contempla, con una intensidad que puede llegar a ser refinada o trágica, simpática o sutil; en ocasiones con un tremendismo ingenuo que nos representa las fuerzas de las identidades en lo común de la convivencia. Entras en esa corriente y te arropa un sosegado fluir impulsado siempre por ese latido imparable de la vida.

Si la poesía es, como diría Dulce María Loynaz: *un tránsito a la verdad*, Gutiérrez nos acerca a su verdad desde la poesía.

Sabemos que la poesía no es de nadie. Ella conserva intacta su esencia de libertad, es lo sublime e imperecedero; pero así como Dios es superior y se manifiesta a través de su creación, también hay poetas que pueden mostrarnos una parte de esa gloria de la poesía. Estamos frente a uno que se atreve a mostrarla aun cuando se dude de su utilidad, él insiste, tampoco cree que para que la poesía sea válida tenga que ser aceptada por todos. Escribe una poesía de conceptos, intelectiva, tranquila, pensada para transmitir sensaciones con la mayor naturalidad posible, en ocasiones con la dificilísima sencillez por la que abogara Azorín en Punto de estilo, y en otras, con esa aprehensión del ser en las cosas. Una poesía que no busca los símbolos en las cosas sino más bien las propias cosas, que se expresa imitando la fluidez del habla, sin perder el sentido común ni el sentido del humor. Esto quizás sea lo que más atraiga de estos textos. Esa manera lozana y casi cándida con que el autor va desovillando y desentramándonos el mundo, su mundo. No falta el juego con la ironía, el individuo en su extrañeza, en su enajenación, en ese engranaje de falsear y tergiversar que ha aprendido de sus maestros. Independientemente de su construcción poética, lo que hace que su obra sea singular es sin duda, la propuesta que nos hace el autor.

Reconocemos que todos estamos en deuda con Poe por su "filosofía de la composición", al declararnos los procedimientos de escritura de sus poemas, y esa novedosa exploración que nos lleva a continuar la vieja pregunta ¿Qué es lo que hago cuando escribo? Asumimos que el autor debió encontrar una fascinación allí para crear sus cuarentenas. En ellas no sólo describe el estado anímico en que se concibe una obra de arte, sino que avanza y adelanta influido además por el estilo borgiano o la ficción trascendental de Pessoa. En Cuando el viento es amigo, el autor persiste en el deseo de engendrar un texto múltiple que promueva participar de su espíritu de creación y reinventar, hace algo más que crear personajes desde la ficción; recrea una situación hipotética donde el que escribe es el lector; lo saca de su estado pasivo, ya no es el que escudriña con su ojo crítico: ahora le da voz, y desde la escritura se aventura a iniciar el diálogo. Esa manera de pensar en sus lectores nos acerca a la filosofía de María Zambrano para quien *"El público existe antes de que la obra haya sido o no leída, existe desde el comienzo de la obra... Y así el escritor no necesita hacerse cuestión de la existencia de ese público, puesto que existe con él desde que comenzó a escribir. Y eso es su gloria, que siempre llega respondiendo a quien no la ha buscado ni deseado, aunque sí la presente y espere para transmutar con ella la multiplicidad del tiempo"*. Abandonado en ese aire purificador que es la poesía, nos confiesa: *"Como un Pierrot, se me antoja a la vez estar plácida y angustiosamente incursionando al otro lado de la realidad. Me veo empapado por una intensa lluvia de estímulos, hirviéndome en un extraño conocimiento de percepciones que me urge transmitir: no pido nada a cambio. Me conformo con lo mínimo. Me conforta la libertad escondida tras las cosas"*.

Confiesa su deuda con esa tradición que lo antecede. Y nos invita a ver el mundo desde la poesía: *"Lejos, frente a la cáscara de las cosas, más acá de su dermis engañadora, quedaban la rigidez de la gramática, los maestros que odian la prosa, los colegas que no me creen poeta, y los amigos enemigos de mis preferencias sintácticas. Allá quedaba una mujer que, llena de celos horizontales, me acusa de miope, ladrón de cronos semánticos y creador de etimológicas infidelidades. Se empecinan en buscar al yo que escondo o se esconde. Cuestionan obsequios de albergue y pociones de alimento a mis personajes, resienten el cohabitar con mi afición. No importa. Reales o irreales, a cada uno escuché. De todos aprendí"*. En nuestro autor, es esa reciprocidad, esa manera loable con que devuelve lo que ha enriquecido su vida, es uno que aprende y sabe dar más de lo que recibe. Excelente comunicador que entiende la importancia de continuar la enseñanza y prolongarla. Maestro y aprendiz. La poesía lo ha vuelto unánime, comunicativo. El mundo de nuestras emociones es un lugar pequeño, reducido, pero el mundo de la contemplación poética es trascendente, ese que no alcanzamos a palpar con nuestros sentidos. Es un mundo vasto, inagotable, infinito, un mundo que se vuelve alcanzable sólo por el poder que nos concede la poesía, —y así lo entiende—, la poesía es un modo de lograr lo trascendente, sabe que el ser humano no hallará todas las respuestas a la angustias, por eso insiste en su búsqueda interior, indaga en su alter ego hasta transitar esos laberintos insalvables de la memoria. El yo lírico y el autor son la misma persona. *"Lo impersonal no tiene ningún valor sobre la tierra"*, —según Nietzsche—, por eso el que escribe nunca estará ausente de su obra y mucho menos de su sentir poético. La poesía es de los pocos lugares donde podemos estar con nosotros mismos, es un espacio cerrado donde nos encontramos con nuestra propia humanidad. La poesía es esa extensión única que nos conecta a los orígenes, a nuestro propio yo y con los sentimientos. Algo poco acertada esta concepción en una sociedad como la nuestra que quiere ridiculizar el sentimiento, porque para muchos, "sentimientos" es sinónimo de debilidad. Pero poesía es también esa suma de vientos y tempestades, una fuerza descomunal que si no atemperamos o embridamos terminará esclavizándonos, arrastrándonos o provocando nuestro propio hundimiento. Conocemos lo destructiva que puede ser. Conocemos la fuerza de la poesía en toda su barbarie y desnudez. El poeta es un conciliador, refrena ese ímpetu de desolación y ruina y llena los hondos espacios con un aire templado, con presencias gravitantes que alcanzan dimensiones épicas. Se construye una naturaleza sublimada a donde va en busca de sí mismo y de su inmortalidad. Lo que pronto será ausencia, no será nunca la poesía, ella se queda testimoniando en el tiempo, *orbitando rumbo al siempre. Las sensaciones son imperios: los poetas, vasallos*, sentencia el autor en esta entrega, haciéndose eco del pensamiento de Pessoa. Si para el lusitano: *"no poseemos más que nuestras propias sensaciones; en ellas y no en lo que ellas captan, tenemos que asentar la realidad de nuestra vida... Mis sensaciones son un epitafio, extenso por demás, sobre mi vida muerta. Me acontezco a muerte y ocaso. Lo más que puedo esculpir es sepulcro mío con belleza interior.* Para Gutiérrez por igual, las sensaciones desbordan la magia que mueve nuestra creatividad, despiertan un ansia de reminiscencias, son invocaciones, silencios que se llenan de sonoridades o ritmos empujándonos a escribir. De Rilke aprendimos que los versos no son sólo sentimientos sino también experiencias. Así que la poesía se escribe con recuerdos y nostalgias y con mucho silencio para indagar en el ser. Para algunos el poeta trabaja partiendo de ideas, para otros la poesía nace sólo de las palabras, y para una minoría lo que impulsa el momento creador son las sensaciones. Lo cierto es que poesía es reflexión. El poeta al saber pensar desarrolla un gusto por esa búsqueda mental, esa agudeza para ver más allá de las cosas; es uno que aprende a leer en el espíritu de ellas los códigos indescifrables de la existencia. Palpamos aquí que la poesía es una hendidura por donde se filtra la luz para iluminar nuestros espacios más íntimos. Un viento cósmico que nos lleva a escudriñar el universo pero desde la individualidad. Un discurso integrador, de recomposición que se mueve en esos dos planos de la realidad: entre lo onírico y la memoria: *"Algo me dice que es allí donde lo puesto y lo opuesto se unen, donde lo irracional es norma y lo invisible Poesía".* Para Octavio Paz, en la poesía el hombre adquiere al fin conciencia de ser algo más que tránsito. Sabemos que poesía es permanencia, y ese deseo de eternidad nos tienta, de todos los hombres es en los poetas donde prevalece esa aspiración de perpetuidad. *Ad perpetuam rei memoriam* —nos dice el autor— *spiramos a vivir después de esta existencia en el recuerdo de algún alma que nos cite.* Y es que la poesía está llena de presencias, aunque la misma se alimente de soledad. En ella se vive con esa convergencia de lo racional, aunque oscile en estadios cercanos a la locura. La poesía guarda reminiscencias de ese mundo extra-paradisíaco que nos antecedió. El poeta quiere ese reino de plenitud anhelado, vive la *experiencia de la poesía, en esa concatenación sin renunciar jamás. Y aunque me faltes tú, me quedará la poesía.* Tiempo y poesía son una unidad utópica, como el fuego y la alquimia; dos entidades que pueden mezclarse, pero jamás diluirse. *Y percibo líneas de furor que se/ trazan a sí mismas, /que definen por mí y en vez de mí.* El que escribe apresa vientos en su puño y riega la semilla de la vida, dueño de un universo verbal, conoce el misterio de la insinuación, el secreto que mantiene oscuro el eco de los cánticos.

Voz genuina que sabe, que proyectar la muerte es un ensayo... también el poema es un ensayo: compacto, liberado, encerrándonos en su capacidad reflexiva. En el poema "Ars poética" nos dice: *"Vago ese espacio ontológico/ que me inundará de ilimitados infinitos y binarios sempiternos, cuando muera./ Entonces, sólo entonces, los otros definirán mi ser/ y mi ausencia sincrónicamente asumirá el color de sus antojos".*

En *El placer del texto*; otro poema que llama la atención por la sutileza del tema que propone, donde hace alusión a ese extraño vínculo, y a esa misteriosa conexión entre autores que no coinciden en un período de tiempo determinado, y que ni siquiera se conocieron pero que de alguna forma se interrelacionan de un modo sorprendente:

Borges y Barthes han de haberse criado
en el mismo arrabal...
Participarían de los mismos juegos dialécticos,
se entrenarían en el mismo cuadrilátero,

recibirían las mismas estrategias pugilistas,
que establecen la norma en el convenio lúdico
e invocan el compromiso con la palabra.
Militantes de esa nueva dimensión de la ficción,
de alguna manera se vinculan.
¿Qué intencionalidad de extraños enlaces los aúna?

Poesía es lo inalcanzable, seguirá alimentándose de futuro y de todas las nuevas realidades que el hombre descubra. La conciencia de que la poesía nos sobrevivirá es un consuelo. También saber que quedará testimoniando en el tiempo y la certeza, de que el hombre si es creación de ella regresará, porque si la poesía no muere, todo será repetitivo, habrá un regreso continuo. Poesía que no traza caminos en la muerte. Es la que nos levanta y reconcilia, la que se integra a la vida. Victoriosa es esa poesía donde el hombre recobra su esperanza.

También la prosa de Héctor lleva frescura de pensamiento y profundidad, también está ligada a la vida y al conocimiento de la realidad a través de la experiencia inmediata de la propia existencia. Es el diálogo del hombre con la realidad, en un retorno hacia dentro, hacia el pasado y la memoria.
Gutiérrez nos convence con este libro de que no todos los vientos son malignos, nos invita a devolver la mirada como quien busca la serenidad, la calma que es después de la tormenta.

Nos invita a detenernos en ese alivio que llega a ser para él la poesía. Quiere estar lejos de los ruidos que ensordecen y perturban la paz de la existencia. A la vez incita a prolongar el canto. La manera en que ese canto telúrico se convierte en un descifrador de la vida y del pensamiento del autor, ese transpirar la realidad sin rechazarla, son modos de motivarnos; porque *"aún quedan dioses que inventar"*, y *porque todavía hay tiempo de aprender a amar desde el corazón, a pesar de las sorpresas indelebles o lentas epifanías.*

El autor de estas cuarentenas, seguirá cabalgando en persistente temperamento estético. Le alcanzan el verbo y las nostalgias. Corre el riesgo desde la poesía y se enfrenta a esos molinos de viento de la incomunicación. Persiste, dialoga, batalla por rescatar la palabra de su actualidad, de su efímero y momentáneo ser para volverla luminosa en un discurso imperecedero. Y lo logra con una poética impregnada de veracidad, con un soliloquio largo y sostenido, uno que no termina, que seguirá articulándose en la voz del poeta integrándose a ese viento plural que es la poesía.

Biografía

Odalys Interián Guerra (La Habana, 1968), poeta, y narradora cubana residente en Miami, dirige la editorial Dos Islas. Entre sus publicaciones están los poemarios: Respiro invariable (La Habana, 2008), Salmo y Blues (Miami, 2017), Sin que te brille Dios (Miami, 2017), Esta palabra mía que tú ordenas (Miami, 2017), y Atráeme contigo, en colaboración con el poeta mexicano Germán Rizo (Oregón, 2017). Sus ensayos literarios aparecen en Acercamiento a la poesía (Miami, 2018). En su actual ciudad de residencia ha sido premiada con el de poesía en el prestigioso Concurso Internacional Facundo Cabral 2013 y en el certamen Hacer Arte con las Palabras 2017; obtuvo primera mención en el I Certamen Internacional de Poesía "Luis Alberto Ambroggio" 2017 y tercera mención en el mismo concurso de 2018. Fue merecedora del segundo premio de cuento de La Nota Latina 2016. Su obra poética y narrativa ha aparecido en revistas y antologías de varios países. Recientemente ha obtenido Premio Internacional 'Francisco de Aldana' de Poesía en Lengua Castellana (Italia) 2018. Premio en el concurso Dulce María Loynaz, 2018, en la categoría Exilio. Finalista en los concursos: Pilar Fernández Labrador, y en el Premio Rey David de Poesía Bíblica Iberoamericana (2019).

www.ingramcontent.com/pod-product-compliance
Lightning Source LLC
Chambersburg PA
CBHW031347040426
42444CB00005B/222